Études politiques

LIBRAIRIE ARMAND COLIN

ÉMILE BOUTMY

Éléments d'une Psychologie politique du Peuple américain. Un volume in-18 jésus (2e Édition), broché. 4 fr. »

Essai d'une Psychologie politique du Peuple anglais au XIXe siècle. Un volume in-18 jésus (2e Édition), broché . . . . 4 fr. »

Le Développement de la Constitution et de la Société politique en Angleterre. Un volume in-18 jésus (3e Édition), broché. . . . . 3 fr. 50

Études de Droit constitutionnel (*France, Angleterre, États-Unis*). Un volume in-18 jésus (2e Édition), broché. 3 fr. 50

Études politiques. Un volume in-18 jésus, broché. 3 fr. 50

Le Parthénon et le Génie grec (*Philosophie de l'Architecture en Grèce*). Un volume in-18 jésus (2e Édition), broché. 3 fr. 50

Taine, Scherer, Laboulaye. Un volume in-18 jésus, broché . . . . 2 fr. »

Le Baccalauréat et l'Enseignement secondaire (*Projet de réforme*). Brochure in-16. . . . . 1 fr. »

Le Recrutement des Administrateurs coloniaux. Un volume in-18 jésus, broché. . . . . 1 fr. 50

1882-06. — Coulommiers. Imp. Paul BRODARD. — 3-07.

ÉMILE BOUTMY
Membre de l'Institut.

Études politiques

LA SOUVERAINETÉ DU PEUPLE
LA DÉCLARATION DES DROITS DE L'HOMME ET M. JELLINEK
A. BARDOUX — ALBERT SOREL

Librairie Armand Colin
Paris, 5, rue de Mézières
1907

TABLE DES MATIÈRES

À propos de la souveraineté du peuple 1

La Déclaration des droits de l'homme et du citoyen et M. Jellinek 117

Albert Sorel 183

Notice sur la vie et les travaux de M. Bardoux.... 215

1882-06. — Coulommiers. Imp. Paul BRODARD. — 3-07

AVERTISSEMENT

Vers la fin de sa vie, M. Boutmy avait conçu la pensée de réunir en un volume les deux études et les deux notices qui sont réimprimées ici. La mort l'a empêché de mener ce projet à bonne fin. Mais il avait eu le temps d'en préparer l'exécution, et les papiers qu'il a laissés ont permis de faire la publication telle qu'il l'avait désirée. Il ne croyait pas devoir rien changer à ses *Notices* sur *Albert Sorel* et sur *Bardoux*. Au contraire, il avait soumis à un minutieux travail de revision son article intitulé *A propos de la souveraineté du peuple*, et son étude sur *La Déclaration des droits de l'homme et du citoyen et M. Jellinek*. Pour ces deux importants essais, c'est donc un texte soigneusement remanié, et, par endroits, entièrement récrit par l'auteur, qui est offert aujourd'hui au public.

A PROPOS

DE LA

SOUVERAINETÉ DU PEUPLE

A PROPOS

DE LA

SOUVERAINETÉ DU PEUPLE[1]

J'avais chez moi, l'autre soir, quelques amis; la compagnie, après dîner, s'était dispersée dans un ancien atelier de peintre qui me servait de fumoir. Elle s'était groupée par deux ou par trois, au gré des sympathies, et les conversations qui s'étaient engagées çà et là formaient ensemble un bourdonnement confus dans lequel on avait peine à se reconnaître. Je ne sais comment me vint la pensée d'instituer entre nos amis un débat philosophique, un débat d'idées. Un moment de silence étant survenu, je leur en fis la proposition, qui fut acceptée. L'ordre des orateurs serait réglé simplement d'après l'âge. Il restait à déter-

1. Cette étude a paru dans les *Annales des Sciences politiques*, en 1904.

miner quel serait le sujet de la discussion; les avis étaient partagés, mais, avant qu'aucun parti eût été pris, l'un des assistants demanda la parole pour une question préalable; c'était un homme que nous vénérions tous, nous l'avions surnommé : « le Philosophe ».

Il parla la tête un peu penchée, l'œil fixe, comme quelqu'un dont le regard s'est retourné vers sa pensée intérieure. L'intonation était assez haute, sans aller jusqu'au fausset, l'articulation sèche, et les mots nous arrivaient distincts, portés par un filet de voix qui aurait dû être couvert, ce semble, par le plus léger murmure.

Il y a, nous dit-il, une objection contre toute cette discussion et toutes celles qui lui ressemblent; il faut que je m'en explique.

Toute la dialectique humaine est fondée sur une foi implicite à l'exacte correspondance du langage avec la réalité; en d'autres termes, des mots avec les choses. On ne s'est pas avisé de mettre en doute cette correspondance; ce doute, s'il était admis, serait une façon nouvelle, moins attaquable que l'ancienne, de reconstituer le scepticisme, en faisant remonter les raisons de se défier au moment où l'idée prend naissance, c'est-à-dire reçoit un nom qui la distingue. Ce vice originel commencerait avec la pensée et y serait inclus pour ainsi dire. Il faut, pour s'en rendre compte, remarquer que nous ne pensons qu'avec des mots, et que les défauts du langage deviennent ceux de la pensée elle-même. Or quels sont les défauts du langage? en d'autres termes, par quoi les mots sont-ils impropres à devenir les signes adéquats de la réalité extérieure? Cette réalité est complexe, or l'intellect ne saisit les choses qu'en les simplifiant; la réalité est simultanée, l'intellect prend un élément après l'autre, et s'achemine péniblement vers une totalité qu'il ne réalise jamais; la réalité est continue, or l'intellect procède par éléments discontinus, il les conçoit, non comme des fragments qui attendent leur complément, mais comme des touts, dont la figure est régulière et fermée; la réalité est concrète, et nous donne une sensation d'une seule venue, l'intellect ne la connaît que par des abstractions dont chacune est le signe d'une perception extérieure distincte, et dont la réunion, si riche et si ample qu'on la suppose, ne reconstituera jamais qu'une image incomplète de l'objet, bien plus, une image qui en diffère entièrement par sa nature; la réalité, chaque élément étant conditionné par tous les autres, ne connaît point d'opposition tranchée; or le propre d'une abstraction est d'être absolue, et par conséquent de faire surgir immédiatement dans l'esprit l'abstraction contraire, si bien que l'esprit est sans cesse tiré d'un extrême à l'autre, par les mots mêmes qu'il emploie ; c'est comme si, dans la langue de l'arithmétique, l'homme ne disposait que des nombres entiers, et ne pouvait marquer que grossièrement, par les premières décimales, les degrés intermédiaires. En résumé, l'intellect chargé de reproduire en lui-même cette réalité immense, mouvante, souple et sinueuse qu'on appelle le monde, ne dispose pour sa construction que de petits matériaux solides, aigus, symétriques, dont les formes régulières n'épousent pas l'infini détail des courbes réelles; il n'arrive à produire qu'un croquis imparfait, une sorte de schéma, qui ne rappelle que de loin la figure riche et nuancée dont il est la copie. C'est comme un chef-d'œuvre littéraire, plein de délicatesses infinies, qu'on aurait essayé de traduire dans la langue primitive, rude et brutale d'une horde de sauvages.

Vous voyez toutes les raisons que nous avons de ne pas croire que les images que nous construisons avec les mots s'appliquent exactement aux choses que ces mots signifient.

S'il ne vous déplaît pas de me suivre encore quelques minutes, nous allons retrouver dans le jugement les mêmes imperfections, les mêmes causes d'erreur et d'impropriété que nous avons observées dans le mot.

Il y a une première forme de jugement; elle consiste à prendre un homme, Eutychès ou Strabon, à détacher de cet ensemble concret une qualité comme celle de bon, de raisonnable, de mortel et à faire passer ces qualités de l'autre côté de la copule « est » par laquelle est constitué tout jugement. On aboutit ainsi à une proposition qui a deux défauts, ou pour mieux dire deux insuffisances : 1° elle est trop simple ou trop pauvre, puisqu'elle a dans un de ses membres la totalité des attributs qui constituent le type humain, plus ceux de l'individu, Eutychès ou Strabon, et dans l'autre membre un seul de ces attributs. Il faudra, pour rendre le jugement plus substantiel et plus instructif, ajouter au second membre deux, six, dix attributs, le plus qu'on pourra, et l'on sera encore loin de compte ; 2° cet attribut unique, que nous avons trouvé insuffisant, est une abstraction, et, à ce titre, il possède un caractère et entraîne une conséquence. Le caractère est d'être absolu, c'est-à-dire de ne pas correspondre du tout à ce qui figure sous le même nom dans le premier membre, où chaque élément, étant conditionné par tous les autres, n'a qu'une valeur extrêmement relative. La conséquence, c'est que le propre d'une abstraction absolue est d'avoir besoin de se compléter par un contraire, qui est tout aussi absolu qu'elle. Elle forme des couples dont l'un des éléments ne correspond parfois à rien de concret. Le mot bon appelle le mot mauvais, le mot raisonnable, irraisonnable, le mot fini, infini, le mot mortel, immortel. Rien de semblable dans l'être concret que nous essayons de connaître et que nous analysons. Il résulte de là que nous attribuons une réalité qui ne leur appartient pas à de simples négations, comme l'infini ou l'immortalité, qui ne sont que des nécessités du langage, et n'existent que par lui. Rien ne nous oblige à croire que la pensée ait des nécessités pareilles. Quoi qu'il en soit, nous ne cessons pas d'ajouter au mot bon d'autres attributs qui le complètent et le précisent. Cette bonté est naturelle ou acquise, sentimentale ou raisonnée, faible ou maîtresse de soi. Nous accumulons ainsi, dans le second membre, des prédicats qui se modifient les uns les autres, et nous en arrivons bien vite à ce qu'ils forment une confusion qu'on ne peut dépasser, tout en restant bien loin de la réalité qu'il faudrait rendre.

Que si enfin nous passons à une autre catégorie de jugements, celle dont le premier membre est constitué par une abstraction, le second étant constitué aussi par plusieurs prédicats absolus, la proposition ne contiendra plus rien de concret; et nous voilà transportés bien loin de tout objet réel. Ici, plus de contre-épreuve possible. Il ne faut pas songer à retraduire en langage concret une abstraction dont on veut préciser le sens : la tentative échouerait. On fait mieux, après tout, de se fier à cette sorte d'algèbre, toute composée d'abstraits, de les mêler ou de les diviser, d'en créer de nouveaux, de s'avancer sur le chemin dans lequel on s'éloigne du concret, et de céder à l'ivresse de cette langue supérieure, dont on ne sait plus bien si elle correspond exactement à la réalité. Les architectes gothiques avaient connu quelque chose d'analogue, au moment où le style qu'on peut appeler classique se perdit, à la fin du XIIIe siècle ; ils eurent « la folie de l'épure », et le sens des conditions matérielles, la pesanteur et la résistance, s'oblitéra en eux. En résumé, ces jugements tout composés d'abstraits me font l'effet d'une seconde scholastique moins en défaut que l'ancienne, puisque nous n'avons que des moyens négatifs de la critiquer, mais, par cela même, plus incorrigible.

Une quinte de toux interrompit l'orateur et il fit signe qu'il ne pouvait pas continuer. Je lui demandai la permission d'achever son discours. — Il n'y manque, dis-je, que la conclusion, que vous avez tous anticipée. Il ne s'agit que d'appliquer l'argument à un exemple; prenons, je suppose, la souveraineté du peuple. Le peuple est souverain. Cette formule se compose de trois abstractions : la première est le peuple, c'est-à-dire cette réunion de riches et de pauvres, de paysans et de citadins, d'hommes du nord et d'hommes du midi, de civilisés et de barbares, dont il est impossible d'affirmer quoi que ce soit de bien net, car elle ne produit dans l'esprit qu'une image extrêmement confuse. La seconde abstraction est la souveraineté, qui n'est nullement une qualité inhérente au peuple, car il y a bien des peuples qui n'ont jamais été souverains, et d'autres qui le sont très imparfaitement. La troisième abstraction, celle qui donne un sens à la formule, est l'idée d'un ordre régissant des actions libres, d'une loi. Le peuple doit être souverain. Or, la notion de loi est, elle aussi, une idée très abstraite et très éloignée de toute image, très difficile à sonder dans ses origines. Il est plus que probable que les chances d'inexactitude qui résultent de l'imperfection du langage vont se retrouver ici multipliées par le nombre de jugements intermédiaires qu'il aura fallu traverser en allant de l'image simple jusqu'à ces conceptions si élevées.

Les mots abstraits sont, pour le philosophe,

ce que les expressions algébriques sont pour le mathématicien. Comme elles, ils se retranchent, s'ajoutent, se multiplient et nous surprennent à la fin par des conséquences imprévues. C'est le propre des hautes mathématiques de procéder par une logique inhérente et obscure, invisible à l'esprit, qui ne saisit au commencement que les opérations posées et à la fin que les résultats. C'est un peu une logique de cette sorte, moins serrée, moins précise, qui opère dans les raisonnements, faits d'abstractions, sur lesquels sont fondées toutes les sciences morales.

A ce moment une voix s'éleva dans l'auditoire. C'était celle d'un personnage habituellement distrait et absorbé. Il n'avait sans doute pas entendu, ou n'avait pas compris ma recommandation à chacun de parler à son rang. Il avait déjà prononcé plusieurs phrases, lorsque je réussis à attirer son attention. Il me demanda grâce d'un geste, et je me résignai en le menaçant du doigt.

Notre « philosophe », dit-il, est habitué à mes querelles amicales ; je suis en désaccord avec lui sur deux points. Premièrement, son principe est trop général, c'est notre hôte et non pas lui qui l'a appliqué à une question particulière; il n'a fait pour son compte que nous apporter des raisons de douter, et les a déposées sur le seuil commun de tous les sujets de controverse. Il nous prêche la prudence et la circonspection, mais son principe va plus loin que cela, il nous mène à nous abstenir.

En second lieu, la généralité même du principe qu'il a dégagé fait obstacle à ce qu'il conserve quelque vertu. Quand un principe qui est une règle de logique s'applique à tout, même au raisonnement qu'il faut bien faire pour le démontrer, il est dans les conditions générales propres à tout scepticisme, il peut et doit être rejeté sans discussion par l'homme positif qui veut continuer à vivre, à penser, à réfléchir, à conclure. Pour moi, je perds le sens et j'ai en quelque sorte le vertige, toutes les fois qu'on me force à m'élever brusquement sur une cime et à chasser de là au faucon les idées générales. Mon regard ne voit bien que ce qui est à son niveau, et mes pieds chaussés de plomb ne sont à l'aise que s'ils marchent à la suite d'une idée qui a laissé ses vestiges odorants sur le sol. Je ne prétends pas qu'on ne puisse rien tirer de ces élucubrations logiques ou métaphysiques. Quand ce sera mon tour de parler, ajouta-t-il en riant, c'est dans un autre ordre d'idées que je voudrais vous entraîner à ma suite. Je serai, si je le puis, le psychologue désabusé qui se garde de remonter trop haut, et que l'on voit à chaque instant s'engager dans la forêt, à mi-côte de l'histoire, pour en ressortir l'instant d'après, avec les fruits d'une modeste expérience.

L'orateur n'avait parlé que quelques minutes et ses observations étaient pleines de sens et de justesse; on l'applaudit quand il voulut s'excuser.

Ces discours sans suite, dis-je alors, ont sans doute beaucoup d'agrément; ce n'est pas toutefois ce que vous aviez voulu et décidé. J'ai hâte de voir commencer le débat que vous avez résolu d'instituer. Je proposerai donc, pour ma part, un sujet sur lequel tout homme doit avoir son avis : c'est la souveraineté du peuple. J'y ai déjà touché en passant; s'il avait la chance d'être accepté, nous ne perdrions pas un temps toujours précieux à faire un choix. L'assentiment fut unanime, et je donnai la parole à l'Érudit que son âge appelait à s'expliquer le premier. C'était un homme de taille exiguë, que rendait remarquable le regard de deux yeux usés et pénétrants ; nous l'appelions « l'Érudit » à cause des connaissances archéologiques et philologiques qui complétaient en lui l'historien.

J'ai grand'peur, dit-il, de rester en dehors du débat très actuel et très positif que les temps modernes ont vu s'engager à propos de la souveraineté du peuple. Si j'ai quelque idée d'un problème qui porte le même nom, « démocratie », c'est le passé qui me fournit tout ce que j'en puis connaître. Mes études ne m'ont guère préparé à faire qu'une introduction historique tant soit peu surannée, à une question qui est aujourd'hui tout autre que jadis, bien que sa forme et les mots qui l'expriment n'aient pas changé.

Ma première observation est que les anciens n'ont pas conçu le problème, n'ont pas eu à le résoudre, dans les termes où il se pose aujourd'hui. L'État, de nos jours, a un synonyme, qu'on lui substitue volontiers, c'est le pouvoir civil, et, en face de lui, se dresse un autre pouvoir, avec lequel il veut n'avoir rien de commun, qu'il traite de plus en plus en rival, en adversaire et en ennemi, le pouvoir religieux. A ces deux pouvoirs répondent, en chaque homme, deux sortes d'obligations, celles du citoyen, et celles du fidèle, entre lesquelles la contradiction est devenue manifeste, et le conflit aigu. Rien de pareil ne s'est vu dans l'antiquité. L'État antique est profondément imprégné de religion, et ce caractère subsista en lui, bien qu'atténué, jusqu'au commencement de la période du christianisme officiel. L'idée d'un État laïque n'était jamais entrée dans l'esprit d'un contemporain de Périclès.

La religion était mêlée à tous les actes de l'État, à tous les incidents de la vie du citoyen; les fêtes occupaient une grande partie des jours de l'année. Même après la période où la constitution s'était nettement démocratisée, les plus importantes magistratures du temps des Eupatrides subsistaient encore, et si elles avaient perdu leurs attributs politiques, elles conservaient tous leurs attributs religieux. C'était l'Aréopage qui, privé de ses fonctions censoriales, n'en gardait pas moins le jugement de l'homicide, à cause des rites mêlés à cette procédure, « l'Archontat, qui était chargé de « veiller à la perpétuïté des cultes domestiques, « les ἱερόποιοι qui consultaient les oracles et « faisaient quelques sacrifices, les παράσιτοι qui « accompagnaient l'Archonte et le roi dans les « cérémonies, les dix athlothètes qui restaient « quatre ans en exercice pour préparer la fête « de Bacchus, enfin les Prytanes, qui, au « nombre de cinquante, étaient réunis en per- « manence pour veiller à l'entretien du foyer « public, à la continuation des repas sacrés (1). »

Ces magistrats, après avoir été désignés par l'élection ou le tirage au sort, ne pouvaient entrer en charge sans que le Sénat et les tribunaux eussent procédé à un interrogatoire qui, au moins pour certains d'entre eux, portait sur l'ancienneté de leur famille, sur le culte qu'ils avaient pratiqué. On leur demandait de nommer leur père, le père de leur père, leur mère et le père de leur mère, et d'indiquer le dème auquel ils appartenaient; on s'enquérait s'ils sacrifiaient à Apollon Patroos et à Zeus

1. Fustel de Coulanges, *La Cité antique*.

Herkeios; on s'informait s'ils possédaient une terre en Attique, s'ils étaient mariés en légitime mariage, s'ils avaient satisfait au service militaire. En un mot la démocratie athénienne, qui peut passer à bien des égards pour le type extrême de cette forme de gouvernement, avait un puissant contrepoids dans la religion et dans les sentiments de conservation et de respect que cette religion inspire.

L'influence de ces sentiments se manifestait par la force de l'esprit de tradition, demeuré intact au milieu des institutions de la démocratie la plus extrême. C'est ainsi qu'aucun projet ne pouvait être soumis au peuple qu'après avoir été présenté au Sénat, qui en arrêtait la forme et les termes. L'ἐκκλησία ou assemblée du peuple, dont les actes étaient précédés ou accompagnés de rites ou de cérémonies religieuses, n'avait pas le droit de modifier une loi existante. Si le cas s'était présenté, les sept gardiens des lois auraient ordonné à l'assemblée de se dissoudre. C'était aux Nomothètes seuls qu'il appartenait de se rendre compte si une loi était fâcheuse ou surannée et de proposer un texte nouveau. Ce texte était discuté par les orateurs que le peuple avait choisis. Ceux-ci, comme les magistrats, devaient être l'objet d'une enquête de la part du Sénat. Ainsi s'explique l'accent presque religieux de Socrate s'adressant aux lois de son pays, à ces lois dont il pouvait dire qu'elles l'avaient nourri, puisqu'elles étaient en quelque sorte immuables et sacrées. L'État n'était pas alors dans la dépendance du citoyen; le citoyen n'avait pas conscience d'avoir fait l'Etat; c'est par l'antique Cité et par ses dieux qu'il avait été accueilli, adopté, protégé : il était leur chose, il se dévouait à eux, leur sacrifiait sa vie avec une piété ardente, qui s'adressait évidemment au caractère religieux de l'État.

On aperçoit ici le second caractère par lequel les démocraties antiques diffèrent des nôtres. Aujourd'hui le nœud du problème politique est dans l'individu; l'idée qu'on se fait de l'individu est la première chose à dégager; il s'agit de savoir quels sont ses droits et ses devoirs, quel sera son personnage en face d'un État essentiellement laïque. Il joue le premier rôle, et c'est à lui qu'il appartient de faire les parts, de déterminer ce qu'il a entendu se réserver, ce qui, à son défaut, reviendra au pouvoir public. Toutes nos démocraties ont présenté jusqu'à ce jour ce caractère hautement individualiste, et j'en trouve la preuve dans ce fait que les lois électorales n'ont pas cessé de gagner en importance. Elles sont devenues la base de tout système politique ; elles marquent la mesure dans laquelle ce système cède ou se refuse à la démocratie.

Tout autre était, dans les anciennes cités grecques, l'idée qu'on se faisait de l'organisation politique. Le système qui gagne et qui prévaut, à mesure que la démocratie se développe, ce n'est pas l'élection, c'est le tirage au sort. C'est par le tirage au sort que se recrutent, au temps de Périclès, l'Archontat et le Sénat, autrefois électifs. Presque toutes les fonctions civiles étaient dans le même cas; il n'y a d'exception que pour les fonctions militaires : c'est un changement inverse de celui qui s'est opéré dans nos démocraties modernes.

Or que signifie le tirage au sort? il signifie d'abord qu'on s'en remet, pour le choix du plus digne, au jugement non du peuple, mais de la divinité. Il a en outre cette autre vertu que le riche comme le pauvre, le pauvre comme le riche peuvent également voir sortir leur nom de l'urne et devenir magistrats. Les Grecs s'arrêtent à ces deux classes et ne poussent pas généralement plus loin la division; ils ne la poussent pas jusqu'à l'individu. Il est clair que l'individu qui n'est proprement ni pauvre ni riche n'est pas arrivé à s'installer comme une notion maîtresse dans l'esprit des anciens, qu'il ne tire point à lui le pouvoir de choisir et de décider, qu'il suffit aux anciens de s'être assurés, non que le choix du candidat sera l'expression d'une libre préférence, d'une appréciation judicieuse de chaque citoyen, mais qu'il ne dépendra d'aucune des deux classes en présence, qu'il ne manifestera rien, si ce n'est sans doute la volonté des dieux.

Ce qu'il y a de vraiment démocratique dans l'ensemble du système que l'on trouve établi à Athènes au temps d'Aristote, ce n'est pas le tirage au sort, ni même l'élection, c'est le grand nombre des offices, et le peu de durée des fonctions, deux conditions qui donnaient lieu à un renouvellement incessant de tous les magistrats, et offrait à chacun la chance d'être, plus d'une fois pendant sa vie, l'un des fonctionnaires annuels et rétribués[1] de la Cité. C'est par cette conception positive et intéressée, aussi bien que par la conception élevée et presque sublime d'une cité placée sous la garde et la protection des dieux, que l'antique démocratie se caractérise; elle fait appel à ce qu'il y a dans l'homme de plus noble et de plus grossier, de plus transcendant et de plus bas; elle est, on le voit, essentiellement différente de la démocratie moderne.

Je n'insisterai pas davantage sur les ressemblances qui existaient originairement entre Athènes et Rome. L'histoire de la transformation de l'oligarchie en démocratie a eu le même point de départ dans les deux cités et a parcouru les mêmes étapes. A Rome aussi, l'État était quelque chose d'essentiellement religieux, chacun des actes publics était précédé par les auspices, accompagné ou suivi de sacrifices aux dieux; le culte était mêlé à tout, et comme il n'appartenait qu'aux chefs des

1. Les fonctionnaires étaient tous rétribués. Dareste, *Journal des Savants*, mai 1891.

anciennes familles de présider les cérémonies rituelles, eux seuls pouvaient être admis aux magistratures. A côté d'eux, les Plébéiens avaient formé d'abord une masse méprisée qu'on tenait à l'écart de la vie politique. De bonne heure toutefois ils eurent le droit de vote dans les comices par centuries, qui devinrent avec le temps le mode de consultation le plus général. Un peu plus tard, ils furent constitués en une seconde nation sous la garde agressive de leurs tribuns et, après une lutte de plusieurs siècles, ils obtinrent le partage des magistratures.

Tout cela s'est fait par la loi, sans que les mœurs se prêtassent à des changements si rapides. La classe sacerdotale garde, longtemps encore après avoir été dépossédée de son privilège, une grande partie de son prestige et de son autorité. Plus tard le nivellement se poursuit et se complète, les Latins et les provinciaux obtiennent accès dans la cité romaine, enfin le décret de Caracalla y admet tous les hommes libres de l'Empire.

Le seul point que j'entends recueillir de tout ceci est que, malgré tant de changements et d'extension, le *populus romanus* n'arrive pas à ressembler à une collection d'individus, il conserve quelque chose du passé, ses droits sont l'héritage d'une corporation historique étendue par degrés à un nombre toujours plus grand de membres. Leur origine doit être cherchée dans la corporation et non pas dans chaque citoyen. Ils résultent d'une possession juridique, d'un fait de droit, plutôt que d'un principe de droit, et c'est ainsi que les légistes, sans être gênés par le caractère incommunicable d'un droit absolu, ont pu transporter à l'Empereur la prérogative de la nation, asseoir sur un fond de souveraineté du peuple l'aphorisme célèbre : *quod principi placuit, legis habet vigorem*, et faire sortir le despotisme pur d'un principe qui, à première vue, semblait destiné à produire tout le contraire.

Cette manière de concevoir la souveraineté du peuple jette un jour profond sur le rôle, autrement inexplicable, que ce principe a joué durant quinze siècles, de la chute de l'Empire romain à la Révolution française. La souveraineté du peuple avait été pratiquement réalisable dans les limites d'une ville, elle ne l'était plus dans les limites de l'Empire romain ou d'une des monarchies qui sortirent du chaos féodal. Toujours présente, toujours visée dans les controverses du moyen âge, elle l'est comme une sorte d'au-delà, comme la source transcendante et inaccessible du pouvoir. Une royauté héréditaire, et de jour en jour plus absolue, des classes convaincues à divers titres de l'inégalité des hommes et de leurs propres privilèges, représentent les forces réelles et substantielles de la société politique : la souveraineté du peuple n'est qu'un fond de tableau. Des lointaines profondeurs où elle a son siège, il n'arrive à ces autorités qu'un surplus de vague prestige. On n'a pas à redouter que la souveraineté du peuple, tant de fois proclamée, produise aucun effet pratique, qu'elle vienne se mêler, s'opposer, se substituer à l'action du gouvernement.

Ce peuple, c'est une multitude immense, insaisissable, qui n'a point, et ne peut avoir de conscience commune, qui n'a point, dans tous les cas, de moyens de s'entendre et de se compter. On peut prononcer son nom avec révérence, s'incliner devant lui, faire profession de lui obéir, sans avoir à redouter d'être pris au mot. La souveraineté du peuple, qui est au fond le contraire de la souveraineté du droit divin, n'en est point, dans l'application, très différente. La souveraineté de droit divin fait remonter jusqu'à Dieu la source de l'autorité, c'est-à-dire qu'elle la met dans un personnage que son éloignement et sa majesté réduisent à n'intervenir que par une délégation obscure et immémoriale. C'est un effet tout pareil que l'on attend, que l'on obtient, de la souveraineté du peuple. Ce peuple est, comme Dieu, un personnage qui, non seulement ne peut pas exercer lui-même le pouvoir, mais ne peut, pas plus que Dieu, le déléguer par un mandat exprès et précis. Si l'on souhaitait que ce mandat fût confirmé, qui aurait qualité, au moment dont nous parlons, pour provoquer un vote, recueillir et compter les suffrages, déterminer le sens dans lequel la majorité s'est prononcée? Dieu et le peuple sont pratiquement aussi inaccessibles l'un que l'autre. Leurs oracles ne sont pas entendus d'une façon distincte, ils sont un objet de foi. Cette espèce de ressemblance, ou plutôt d'équivalence, qui a existé au moyen âge et au commencement des temps modernes, entre la souveraineté du peuple et la souveraineté de droit divin, n'a pas été assez remarquée, et elle justifie pleinement ce qu'on pourrait dire du contraste entre la majesté de la formule et la pauvreté pratique de ses conséquences.

C'est pourquoi les partis les plus opposés entre eux, empire, papauté, catholiques, huguenots, ligueurs, ont pu invoquer tour à tour la souveraineté du peuple, et cet unique principe leur a servi à rendre vraisemblables les propositions les plus contraires et les plus différentes. Ce qu'ils en tirent d'abord, c'est la liberté de faire disparaître un souverain qui déplaît. La légitimité du tyrannicide occupe une très grande place dans les controverses habituelles du temps; l'établissement d'une royauté nouvelle, ou d'un contrôle sur l'exercice du pouvoir, n'en obtient aucune. Le transfert de la royauté se fait généralement de la branche éliminée à une branche collatérale, et l'on mesure par cet hommage rendu à l'hérédité le peu qu'on croit pouvoir tirer de la souveraineté du peuple. En pareille matière il faudrait un texte, il faudrait tout au moins que le texte dise si le peuple a renoncé au pouvoir de se déjuger, ou s'il le conserve encore, si c'est lui qui doit être appelé à se prononcer, ou seulement les grands et les magistrats; or il n'y a pas de texte, et c'est par des raisonnements qui n'ont que faire ici qu'on remplace cette preuve nécessaire. Au fond, la souveraineté du peuple n'a été, pendant quinze siècles, qu'un postulat; elle a gardé jusqu'au seuil de notre temps un caractère transcendant et métaphysique, et quelque chose lui en est resté jusque dans Rousseau qui, s'adressant à un siècle mieux pourvu et plus riche en moyens pratiques, a essayé de refaire la formule du principe en l'accommodant au suffrage universel. C'est ici que je m'arrête, laissant à d'autres, mieux informés, la tâche de suivre plus loin la souveraineté du peuple.

Le personnage qui avait interrompu l'ordre des préséances m'interrogea du regard; je lui fis un signe d'assentiment. Il portait encore les marques de la longue maladie qui n'avait pu le dompter; l'extrême pâleur du visage, une couronne de cheveux blancs, attestaient seuls l'âpreté de la lutte, mais le regard, la voix, le sourire avaient à peine été touchés par la souffrance; ils restaient éternellement jeunes. Cet esprit vigoureux avait traversé et dépassé les enseignements d'Auguste Comte, et s'était nourri d'une philosophie plus haute, aussi l'appelions-nous le « Psychologue ».

Notre Érudit, commença-t-il, nous a exposé les phases préhistoriques de la souveraineté du peuple : je la prends, moi, des mains de Rousseau, entrant en scène tout armée et ardente à conquérir le pouvoir. Elle est tout autre chose qu'un au delà. Ainsi envisagée, sous sa forme militante et bientôt triomphante, la formule de la souveraineté du peuple offre ceci de remarquable que, si l'on cherche à en trouver l'origine et la cause, on n'arrive qu'à des propositions vides de sens, à des tautologies, et que, si l'on veut en faire l'application, la suivre dans les faits, on n'arrive qu'à des solutions très imparfaites, très inférieures à ce qu'on s'était promis. Un peuple est la totalité des individus qui ont conscience d'appartenir à la même nation. Le pouvoir souverain est celui qui n'a à rendre compte de ses décisions à aucun autre pouvoir.

Maintenant, d'où vient que le peuple ainsi entendu ait été qualifié de souverain? est-ce en vertu d'un droit positif inhérent à chaque individu? ce droit aurait besoin d'être prouvé et il ne pourrait l'être que si l'on faisait intervenir la notion de l'État, d'où procèdent nécessairement dans chaque individu les attributs qui appartiennent aux membres de l'État, c'est-à-dire aux citoyens. Mais cet État lui-même, qui est ici bien évidemment l'État en soi, abstrait, préhistorique, qu'est-il si ce n'est la réunion des individus, de ceux qui n'ont pas eu le temps ni l'occasion de se qualifier autrement que comme individus? Ce qui revient à dire qu'il y a ici un cercle vicieux, et que, dans cette recherche d'une bonne définition des termes, l'individu renvoie à l'État, l'État renvoie à l'individu. Là est l'infirmité du raisonnement de Rousseau. Rousseau s'est placé décidément en dehors des faits, il a construit avec des abstractions un édifice qui n'est qu'une hypothèse, il s'est livré à un jeu d'esprit. Rousseau eût été mieux fondé à dire que le principe de la souveraineté du peuple est un axiome de droit naturel, qu'il ne peut pas être prouvé, qu'il n'a pas besoin de l'être, qu'il n'a besoin que d'être énoncé pour convaincre. Il eût été mieux fondé à dire que la souveraineté du peuple est une sorte de limite, placée à l'extrémité d'une réalité qui échappe à ses prises, et n'obéit qu'à ses propres lois. Le moins qu'il en eût dit eût été le mieux.

Mais poussons plus avant dans le sujet. C'est le propre du langage de nous fournir, pour toute proposition, une formule positive et une formule négative, ayant le même sens et menant au même but; toutefois on pourrait prouver historiquement que, pour commencer, la plupart des formules positives sont, au fond et par l'intention, simplement négatives. C'est le cas pour la plupart des principes de métaphysique, de morale et de politique tels que : Dieu est juste, l'homme est immortel, l'homme est libre, tous les hommes sont égaux devant la loi, le peuple est souverain. Toutes ces affirmations sont dérivées historiquement de négations correspondantes : Dieu ne peut être injuste, l'homme ne peut pas mourir, l'homme ne doit pas être esclave, les hommes ne doivent point être inégaux, le peuple ne doit pas être soumis à l'empire d'un seul ou d'un petit nombre. Elles se transforment ainsi pour lutter avec plus d'avantages contre leurs adversaires et, lorsqu'elles n'ont plus d'adversaire, l'impropriété de la forme positive s'accuse par ce fait que, presque toujours, le but qu'elles font profession d'avoir n'est pas atteint, que leur idéal apparent est chimérique ou presque complètement manqué. En 1789, l'opinion publique était peu à peu arrivée à se convaincre que la royauté et l'aristocratie sont des formes de gouvernement détestables. Quelle est la formule positive qu'elle pouvait opposer aux leurs, si ce n'est la souveraineté du peuple? Cherchez bien, et vous ne trouverez pas une autre affirmation que celle-là, faisant antithèse aux principes de la royauté et de l'aristocratie. L'opinion publique était donc réduite à opter entre cette affirmation et une simple proposition négative; elle préféra la première. La trace de ses hésitations est visible dans la Déclaration des droits : « la souveraineté réside essentiellement dans la nation; nul corps, nul individu ne peut s'en attribuer l'exercice ». On voit là le principe à peine dégagé de sa gangue négative et en traînant encore les morceaux : nul corps, nul individu..... Dans la suite il s'affirmera plus résolument. Pourquoi cette préférence si décidée pour une formule qui, à l'usage, sera trouvée si vaine et si décevante? Il y a plusieurs raisons à cela; je n'en donnerai qu'une. Les deux pouvoirs qu'il s'agit de discréditer, de renverser, sont moins des principes reconnus que des faits consacrés, qui sont entourés de toute espèce de prestiges : l'ancienneté, la longue possession, la coutume, la sanction des lois, la sanction de l'opinion. Il n'y a qu'une origine philosophique qui soit de force à contrebalancer ces prestiges; il n'y a qu'une formule positive qui se prête à recevoir cette origine. On relèvera donc la source dont elle procède, on la mettra au-dessus des conditions de la vie, des prises de la discussion, on en fera un postulat qui ne doit compte à personne de la façon dont il vient au monde. Le principe a donc paru non pas remontant de l'histoire vers les cimes où siègent les lois, mais crevant un nuage et descendant de là sous les regards d'un peuple étonné; sous ce manteau de nuées, on ne distinguait plus rien d'historique ou d'expérimental. C'est la loi commune à tous les principes qu'on appelle au gouvernement des hommes : ils commencent tous par être militants et négatifs, et c'est par une illusion d'optique née du besoin d'être le plus fort, qu'ils paraissent positifs. Lorsque l'un de ces principes a vaincu ses adversaires, lorsque ceux-ci, dépouillés de leur dignité, lui ont cédé la place, l'esprit public, qui triomphe avec lui, est devenu incapable de renoncer à une parcelle de cette majesté d'emprunt dont le vainqueur est entouré; ils lui laissent la peau de lion qui lui a soumis les imaginations populaires, et ainsi tout ce vain appareil, attirail de guerre et costume d'un jour de victoire, lui reste pour sa vie de tous les jours, jusqu'à ce qu'un autre principe, négatif et relatif lui aussi, pour commencer, ait, par les mêmes moyens, ruiné son empire et pris sa place.

Ainsi la souveraineté du peuple signifie simplement que la royauté et l'aristocratie sont de mauvais gouvernements; elle n'est positive que par l'indigence du langage en moyens d'exprimer les nuances; elle l'est aussi pour les besoins de la lutte. Elle n'est transcendante qu'à cause de l'avantage que cela lui donne contre ses adversaires; elle ne garde après sa victoire sa valeur métaphysique qu'à cause des habitudes prises durant le combat, et de l'espèce de prudence instinctive qui engage le combattant à ne pas se défaire des hauts attributs auxquels il a dû son triomphe.

Sur un signe que je lui adressai, « le Juriste » s'empressa de prendre la parole. C'était un homme de grande taille, dont la tête énorme et le visage blême ressemblaient à une sculpture ébauchée, tandis que le charme délicat et mordant du sourire, la forme exquise de la main exprimaient la finesse unie à la force, la subtilité corrigée par un vigoureux bon sens.

A la souveraineté du peuple dans la philosophie du droit, dit-il, répond, dans les institutions, le suffrage universel. C'est le principe et son application et, comme il arrive toujours, l'application ne conserve qu'en partie les perfections du principe. Elle est, on va le voir, pleine de défauts et d'incohérence. Toutefois, l'opinion n'a pas accepté sans résistance cette chute, cette dégradation de son idéal, elle persiste à croire que le suffrage universel est l'équivalent, au moins très approché, de la souveraineté du peuple, et que, dans la controverse, ils peuvent être pris indifféremment l'un pour l'autre; elle s'obstine à vouloir que le suffrage universel ait quelque chose de divin, de sacré, qui le suit dans les faits et atteste en tous temps sa haute origine. C'est encore là une suite de la lutte inexpiable qui a été engagée autour du principe et de son application la plus naturelle. On n'a pas pu se décider à renoncer, dans une guerre qui durait encore après 1848, au moyen de se défendre et de vaincre dont on s'était servi au plus fort de l'action et du combat. De là est résulté ce sentiment profond, religieux, presque superstitieux, avec lequel les hommes de la révolution de Février articulaient ce mot : « le suffrage universel ». Ce mot rendait leurs voix graves et faisait sonner en eux d'immenses profondeurs.

Acceptons donc provisoirement le suffrage universel comme l'équivalent de la souveraineté du peuple, et cherchons comment il a été appliqué dans les divers problèmes de gouvernement que la société la plus démocratisée de l'Europe a eus à résoudre. Prenons pour exemple la constitution française de 1875. Nous trouvons en premier lieu et comme la première expression du suffrage : les députés, les représentants de la nation. J'ai hâte de parcourir toute la suite de mon argument, et c'est pourquoi j'ajourne le moment de faire voir que la représentation, insuffisante par nombre de côtés, a de plus un vice organique, et qu'une nation représentée ne peut pas être une nation pleinement souveraine. Mais poursuivons : ces députés ont pour office de constituer le gouvernement; les indications qu'ils donnent à cet égard sont généralement très vagues, puisque dans le cas où un cabinet vient d'être renversé on ne peut pas toujours savoir si c'est un cabinet radical ou progressiste qui va entrer en charge, ni qui sera le président du Conseil, ni quels seront les autres ministres. C'est le Président de la République, élu au 2e ou au 3e degré par le peuple, qui a la mission de choisir, non pas tout le ministère, mais seulement le président du Conseil, et c'est le président du Conseil ainsi désigné, et tout aussi éloigné que le président du Corps électoral, qui choisira ses collègues. Ainsi le ministre des Affaires étrangères, par exemple, est choisi par le président du Conseil, qui est choisi par le Président de la

République, qui est grandement influencé dans son choix par les députés, qui sont choisis par le suffrage universel. Ce n'est qu'au 4e degré que le gouvernement émane de la Nation.

Allons plus loin et voyons comment vont être désignés tous les fonctionnaires qui, au-dessous de cè gouvernement, vont être chargés d'une part de l'autorité publique. Le personnel des divers services procède uniformément de la nomination; l'élection n'y intervient pas, ce qui veut dire que le peuple est tenu à l'écart. Le préfet, le percepteur, l'ingénieur en chef, l'instituteur, les commissaires de police, les juges de paix sont tous commissionnés par le gouvernement; il n'y a d'exception que pour les maires. C'est encore le principe de la constitution de l'an VIII : « la confiance doit venir d'en bas, l'autorité doit venir d'en haut ». Et qu'on ne dise pas qu'il n'y avait pas moyen de faire autrement. Les États de l'Amérique du Nord nous offrent l'exemple de cinquante gouvernements dont tous les membres, gouverneur, lieutenant gouverneur, sécrétaire d'État, trésorier, surintendant de l'Instruction publique, etc., sont nommés directement par le peuple. La nomination des juges, des fonctionnaires de police, a été aussi réservée au peuple dans cette société véritablement démocratique. On ne s'est pas laissé arrêter par les inconvénients graves qu'il y a à ce qu'une autorité répressive émane directement des citoyens qu'elle est appelée à réprimer. Ajoutons enfin qu'en France la souveraineté du suffrage universel n'empêche pas ces diverses fonctions d'être considérées comme une carrière. Ceux qui les exercent jouissent d'une sécurité aussi grande, plus grande peut-être, qu'un commis de banque ou un directeur de mines. Cela est vrai, même des fonctions purement politiques, c'est-à-dire de celles où, une fois nommé, il a fallu prendre parti, donner et recevoir des coups. Je me souviens qu'il y a des années, un gouvernement radical ayant pris la place d'un gouvernement progressiste, il fut question d'une hécatombe de préfets. Cette hécatombe se réduisit en fin de compte à cinq ou six victimes « appelées, disait-on, à d'autres fonctions »; tant il est vrai qu'on les considérait comme ayant des droits acquis à leur place et ne pouvant en être dépossédés sans compensation. Ainsi le peuple peut avoir changé du tout au tout d'esprit politique, avoir renouvelé en conséquence le personnel du gouvernement, sans que cette influence se fasse sentir profondément à ceux qui sont chargés d'exercer sur lui l'autorité; ce sont les mêmes hommes, pourvus d'instructions un peu différentes, qui restent en charge.

Il y a un moyen très simple de parer au mal, c'est de généraliser l'élection. Que tous les personnages politiques, Président, députés, ministres, fonctionnaires, soient directement électifs, le peuple sera bien près d'être souverain. Eh bien, non! le résultat, après un bouleversement si énorme de toute la société, serait encore loin d'être atteint. Il y a en effet trois conditions qui ne sont pas conçues en même temps que le suffrage, qui ne lui sont pas essentielles, mais qui sont aussi nécessaires, aussi permanentes que si elles l'étaient; elles résultent tout simplement de l'infirmité des choses humaines; ce sont : la durée du mandat, le principe de la majorité, et la représentation. Si on tentait de retrancher l'une quelconque de ces conditions, on ne pourrait concevoir que, non seulement le suffrage universel, mais je dirai presque aucune espèce de suffrage, pût fonctionner effectivement et pratiquement. Il y a d'autres modalités de suffrage universel, le scrutin public et le scrutin secret, le scrutin de liste et le scrutin d'arrondissement, les différentes formes de la représentation des minorités, qu'on peut supprimer sans que le fonctionnement du suffrage devienne impossible. Au contraire, les trois conditions dont j'ai parlé auparavant sont indissolublement liées au fait de l'élection : les toucher, c'est toucher au suffrage lui-même.

Examinons avec soin chacune de ces conditions. La durée du mandat est la moins considérable, mais encore n'est-elle pas sans importance. Le mandat ne vaut toute sa valeur qu'à l'instant où on le délivre, mais si on laisse passer un jour, huit jours, un mois, cette valeur peut avoir diminué singulièrement. Un fait comme une déclaration de guerre, comme l'affaire du Panama, peut être intervenu et avoir changé les dispositions de l'électeur; si on assigne au mandat une durée de cinq ans, de sept ans, des événements considérables auront eu le temps de se produire, et l'état de l'esprit public aura presque certainement changé. On a dit très justement que le peuple n'est souverain qu'au moment du vote, et que tout le reste du temps il est *disqualifié.* Les mandataires peuvent ne pas s'inquiéter le moins du monde de ce que pensent leurs commettants; de leur côté, les électeurs ne sont-ils pas fondés à dire : « Les questions qui étaient engagées lors de la dernière élection ont été résolues ou ont perdu leur intérêt, ce sont d'autres questions, quelques-unes absolument imprévues, qui possèdent actuellement l'opinion. Le fondé de pouvoirs que nous avions nommé était tout à fait apte à traiter les premières, mais aujourd'hui, pour les secondes, il faudrait un autre homme autrement qualifié. On devrait nous consulter, mais nous ne serons appelés à voter que dans trois ou quatre ans; d'ici là, les questions qui sont actuellement posées auront été tranchées sans notre concours ou auront pris une autre face, c'est encore un autre homme qu'il nous faudra choisir, et cet homme ne sera vraisemblablement pas d'accord avec nous plus de deux ou trois ans : nous ne sommes pas fidèlement représentés. »

En second lieu, l'acte de souveraineté n'apparaît avec toute son autorité et tout son crédit que lorsque l'unanimité des votants y a donné son consentement exprès. Mais cette unanimité n'existe jamais sur aucune question ; elle n'est pas seulement rare, elle est, de toute évidence, impossible. Cependant les questions ne peuvent attendre, elles demandent à être résolues d'une manière ou d'une autre ; à la place de l'unanimité, il a bien fallu se contenter de la simple majorité. On peut mesurer l'immense chute qu'a faite, par cette substitution, la majesté du principe. Ce n'est plus la notion abstraite de l'unanimité qui domine ici, c'est uniquement la nécessité que les problèmes se résolvent, que les difficultés se dénouent, que les affaires se terminent. C'est au nom de cet intérêt pratique et terre à terre que la majorité a été substituée à l'unanimité. La préférence qu'on donne à la majorité est strictement arithmétique, puisque l'on ne considère pas si cette majorité est petite ou grande, et que, ne fût-elle que d'une voix, on lui accorde le même avantage que s'il ne s'en fallait que d'une voix qu'elle ne fût l'unanimité. Ainsi se trouve dénaturée, pervertie, réduite à néant cette haute abstraction de la volonté unanime, la seule qui soit capable de traduire la souveraineté nationale.

Examinons plus en détail la loi de la majorité. On a partagé, je suppose, le pays en 500 circonscriptions électorales. Aux dernières élections, le total de la minorité battue a été de 4 millions et demi. Cette minorité l'a emporté dans un certain nombre de collèges, mais elle aurait pu, avec le même chiffre total, avoir un beaucoup plus grand nombre de représentants, ou au contraire tomber jusqu'à zéro, suivant que les chances lui auraient été favorables ou contraires. On répond, il est vrai, que ces chances se prêtent à une sorte de calcul, celui des probabilités : la minorité battue dans une circonscription aura ailleurs meilleure fortune, en sorte qu'échecs et succès se compenseraient à peu près dans l'ensemble. Mais qui ne voit que ce mode de compensation tiré d'une probabilité qui s'étend à cinq cents circonscriptions seulement est très imparfait. J'ajoute que le parti radical, qui s'est trouvé en minorité dans un département de l'Est, ne peut pas être très efficacement consolé par une victoire des progressistes en Bretagne sur le parti catholique, et que ce dernier ne peut considérer comme une acquisition bien sûre le bonapartiste clérical qui aura été nommé dans les Charentes ; il y aura là trop de variétés de toutes sortes qui ne peuvent se compenser les unes les autres.

Derrière le jeu de la majorité et de la minorité se trouve le choix des candidats. On choisit qui l'on peut et non pas qui l'on veut. Le député qui est censé représenter, dans une circonscription, la moyenne d'une des deux grandes opinions opposées est un homme que ces fonctions ont tenté et qui a bien voulu courir la chance de l'élection. Mais il y a maint autre candidat que la circonscription aurait choisi, si elle l'avait pu, et qui l'aurait beaucoup plus exactement représentée ; elle a dû y renoncer, parce qu'il déclinait toute candidature, et se rabattre sur un homme qui la représentait beaucoup moins parfaitement.

On aurait pu avoir une députation plus

exactement modelée sur les variétés du corps électoral, en adoptant la représentation proportionnelle. En France tout au moins, on craignit, si on légalisait le système, de rendre difficile, même impossible, le jeu du régime parlementaire, en donnant accès, dans le Parlement, à une multitude d'intérêts spéciaux qui ne se laisseraient pas aisément grouper et classer, se diviseraient mal à propos, et se réuniraient d'une manière imprévue, sans obéir à des raisons d'ordre politique. On aima beaucoup mieux renoncer à poursuivre une représentation plus complète et plus fidèle; on préféra constituer, un peu par force, deux grands partis de gouvernement, en ne laissant aux citoyens que le droit de choisir entre eux, et on établit, autant que faire se pouvait, leur alternance au pouvoir. On voit ici très clairement que l'exactitude de la représentation n'occupe qu'un rang secondaire parmi les fins de l'élection. La première, la plus importante de ces fins, est de faciliter le jeu du régime parlementaire.

Il y a un autre intérêt encore qui vient avant l'exactitude de la représentation, c'est que l'élection aboutisse. A cette nécessité pratique on a tout sacrifié, même la certitude que ce soit la majorité qui décide de l'élection, et, dans bien des cas, c'est la minorité qui est représentée au lieu de la majorité. C'est ce qui se produisait en Angleterre, par exemple, avant 1885, lorsque, dans les circonscriptions où il y avait trois candidats pour deux places, l'un des candidats pouvait être élu par une portion du corps électoral moindre que la majorité. En France, où l'on a établi précisément pour ce cas deux tours de scrutin, comment douter que ceux qui se rabattent au deuxième tour sur l'un des candidats, pour le faire triompher, le font à contre-cœur et ne sont véritablement pas représentés?

Enfin la représentation n'a pas seulement des défauts qui résultent de circonstances extérieures : il y a en elle un vice organique, un vice de nature. Un homme peut avoir un frère ou un ami, élevé comme lui et dans les mêmes principes ; il aura là un représentant assez fidèle de ses opinions et de ses volontés, mais 10 000 hommes, qui ont entre eux de notables différences, ne peuvent pas avoir de représentant ; celui-ci ne se rapprochera de l'un que pour s'éloigner des autres. Il faudra que les électeurs se contentent d'une moyenne obtenue grâce à des sacrifices considérables d'opinion de la part de chacun d'eux. Ils seront représentés si l'on veut, mais incomplètement et seulement pour une partie des idées auxquelles ils tiennent. Un électeur éclairé, par exemple, ne se croira vraiment représenté que si des vingt ou vingt-cinq questions sur lesquelles il a un avis, il n'y en a pas plus de cinq ou six où cet avis n'est pas partagé par le député qu'il a choisi. Supposons qu'il se soit fait lui-même son opinion sur la loi militaire et le service de deux ans, sur l'armée coloniale, sur l'organisation de nos possessions d'outre-mer, sur la réduction des tribunaux et le changement de la compétence et de la procédure des conseils de guerre, sur les innombrables objets qui intéressent la décentralisation, sur la liberté d'association, qui vient à peine d'entrer dans la loi, sur les précautions à prendre contre les congrégations autorisées et non autorisées, sur le développement de la législation encore toute nouvelle des syndicats ouvriers, sur le devoir d'assurance et d'assistance imposé aux patrons, sur la retraite qui devrait être garantie à l'homme qui travaille de ses mains, etc. Comment pourra-t-il espérer trouver quelqu'un qui pense exactement comme lui sur tous ces sujets, qui pense exactement comme lui sur la moitié, sur le quart d'entre eux, qui les range dans le même ordre de préférence?

En somme, l'électeur éclairé, celui qui a des lumières sur beaucoup de sujets, devra faire son deuil de beaucoup de choses. Il ne sera pas du tout sûr que les plus importantes ou le plus grand nombre de ses opinions soient professées publiquement, et soutenues avec conviction par son représentant. On me dira volontiers : « il n'y a pas d'électeur éclairé, ou il y en a 1 sur 100 000; il est contraire aux faits de généraliser son cas, peu concluant de montrer que le suffrage universel le représente fort mal ». Je n'y contredis point; je ferai remarquer que tout ce qui s'est passé depuis cinquante ans, le progrès des choses autant que des idées, a tendu à augmenter le nombre de ces électeurs éclairés. Qui pourrait nier l'action profonde exercée sur les ouvriers par la diffusion de l'instruction élémentaire, la fréquence et la rapidité des voyages, par le télégraphe, le téléphone et la presse à un sou? L'ouvrier d'aujourd'hui comprend infiniment plus de choses, il est capable d'avoir un avis raisonné sur infiniment plus de sujets qu'autrefois, et qui peut douter que, dans cinquante ans, l'homme des classes inférieures ne soit parvenu à une somme de loisirs, à une variété et à une largeur de culture dont l'état présent ne nous donne qu'une faible idée? A ce moment-là, tous les électeurs se plaindront de trouver dans le suffrage universel un interprète si peu fidèle, si incomplet de leurs opinions; et c'est par le progrès même de la démocratie qu'il aurait vieilli et se serait disqualifié.

A raison de toutes ces considérations, il est douteux que, non seulement les autres formes de suffrage, mais le suffrage universel lui-même puissent se donner pour représenter effectivement le peuple souverain. Le suffrage universel si glorifié n'est qu'un médiocre expédient; il vaut un peu mieux que le sort, si pratiqué dans les républiques antiques; il est plus conforme au présent, et surtout à l'avenir de nos sociétés que toutes les autres formes de suffrage : mais ces mérites et ces supériorités toutes relatives, ne font pas qu'il ne participe à l'infirmité des choses humaines; il est encore très loin de réaliser l'idéal qui lui est assigné : la souveraineté du peuple. Ce n'est qu'un à peu près plein d'inconvénients et de défauts; c'est le moindre mal.

Qu'il me soit permis, dis-je alors, de jeter dans la discussion, comme une branche au courant d'un fleuve, le mot de « referendum ». Le referendum est, n'est-ce pas, l'opposé de la représentation, il en révèle le vice organique par la contradiction qu'il fait paraître entre le vote populaire et le vote parlementaire?

L'homme auquel s'adressait ce discours était un homme au regard dominateur, qui avait passé par nos assemblées, et s'en était retiré après bien des triomphes oratoires, ayant reçu quelques avertissements de l'âge et de la maladie : nous l'avions surnommé « le Politique ».

Il y a, dit-il, une distinction capitale à faire entre le vote qui ratifie une mesure ou une loi, et le vote qui commissionne un député. Le vote d'une mesure est très généralement indirect; dans tous les grands États, la ratification est prononcée par des mandataires de la nation, et la validité de la loi est complète par leur assentiment.

Il n'y a d'exception à cette règle que dans un seul petit État : la Suisse, où le vote de certains statuts s'opère sous la forme du referendum et quelquefois sur une initiave populaire. J'explique sommairement le système. Une loi est soumise au referendum; cette loi a dès à présent son texte arrêté, elle comprend 66 articles. Ces articles ont été rédigés, discutés, votés; l'ensemble lui-même a été approuvé par un vote. Tout ce long et minutieux travail a-t-il été fait par le peuple? non, sans doute. Il aurait fallu que le peuple pût se réunir, délibérer sur chaque article, donner ou refuser son approbation et dire pourquoi. Cela n'est pas seulement difficile à une nation disséminée sur un vaste territoire, c'est impossible. Cette première partie du travail législatif, la plus considérable à coup sûr, a été confiée à une autorité déléguée, composée d'un petit nombre d'hommes, aptes à délibérer sur toutes sortes de sujets. C'est elle qui a conçu l'idée de la loi, ou l'a reçue de l'initiative populaire, l'a élaborée et mise en articles. La seule chose qui reste à demander au peuple lui-même, c'est de dire s'il l'approuve ou la désapprouve; la réponse peut se faire, doit se faire, par un oui ou par un non.

Mais cet assentiment ou ce rejet, par quoi sont-ils déterminés? tout observateur réfléchi reconnaîtra que les arguments qui agissent sur le peuple sont généralement moins nombreux, moins variés, plus simples que ceux qui ont agi sur les délégués; généralement ils sont même d'une autre nature. Tout projet difficilement intelligible est perdu d'avance, tout projet compliqué dans son application aura de grandes chances d'être repoussé; au contraire tout projet qui flatte un préjugé populaire — ce fut le cas pour la prohibition des boucheries juives — obtiendra sans effort un assentiment irréfléchi. Les députés savent parfaitement ce qu'ils font lorsqu'ils introduisent dans leur exposé des motifs un argument médiocre mais très aisé à comprendre, ou un appel adressé aux passions de la foule; « c'est pour le peuple », disent-ils à voix basse à leurs partisans. Néanmoins l'émotion populaire ne peut pas être excitée sur tous les sujets, et la simplification des mesures n'est pas toujours possible : aussi le nombre des rejets dépasse de beaucoup celui des adhésions; il y en a eu 19 sur 27[1]. On s'est prévalu de ces dissentiments répétés entre l'assemblée des représentants de la nation et le peuple directement consulté pour affirmer que le peuple est infiniment moins révolutionnaire que ses représentants. On aurait certes raison si le referendum était une expression parfaitement libre et parfaitement mûrie de la volonté populaire : combien il s'en faut que cela soit! Le peuple n'est ni plus conservateur ni plus novateur que ses députés; la vérité est qu'il se sent particulièrement impropre à résoudre les questions telles qu'elles lui sont posées. Rejeter

1. Je remarque en outre que deux des huit acceptations n'ont été votées qu'à quelques voix de majorité, ce qui marque bien la répugnance générale du peuple à donner son assentiment. Quant aux plébiscites français auxquels on demandait généralement de confirmer un coup d'État, ou les conséquences d'un coup d'État, ils sont fondés également sur la disposition du peuple, non pas précisément à maintenir ce qui est, à cause de ses mérites, mais à ne pas changer ce qui est, à cause des inconvénients qu'entraînerait le changement. On fait un coup d'État par des moyens que le peuple n'approuverait pas, qu'il condamnerait même, si on le consultait avant d'agir; mais on ne court aucun risque à lui demander son avis sur le fait accompli : ce fait a toujours été et sera toujours ratifié à d'énormes majorités.

la loi est la manière la plus simple et la plus expéditive de se dérober à la tâche qu'on lui impose; bien mieux, c'est la seule possible dans l'alternative où la nation se trouve placée. Un dilemme n'a que deux branches, et pour se refuser à l'une il faut nécessairement accepter l'autre; pour ne pas dire oui, il faut nécessairement dire non.

Il y a, continua l'orateur en s'adressant à moi, une autre manière que le referendum de rendre au peuple son action sur les lois. Cette manière, que vous n'avez pas indiquée, consiste à mettre le mandat à la place de la représentation : cette substitution est l'arme propre des politiciens. Ceux-ci forment, dans la nation, une classe spéciale, classe insolente, violente, loquace et tenace, très sévère dans le contrôle de l'usage que les députés font de leur pouvoir, bassement adulatrice dès qu'elle s'adresse à la multitude. Placés entre le peuple, auquel ils fournissent ses idées et ses mots d'ordre, et les députés, qui sont dans l'obligation d'y conformer leurs actes, les politiciens ont parfaitement vu qu'ils pouvaient ne pas s'occuper de ceux-ci pourvu que les rancunes, les appétits et les préjugés de la foule fussent satisfaits. La simple conformité des idées n'aurait pas suffi à assurer ce résultat : il fallait en outre un accord général de sentiments entre l'électeur et l'élu et, par-dessus tout, les mêmes approbations et les mêmes mécontentements, les mêmes aversions et les mêmes enthousiasmes. Les politiciens n'ont donc pas eu d'autre tâche que de partager les candidats en grandes catégories dont les rubriques, socialistes, radicaux, progressistes, réactionnaires, répondaient aux différents états d'esprit de la multitude et lui rendaient facile le choix à faire.

Mais les politiciens ont voulu mieux faire. Le signe et la preuve que le candidat a bien les sentiments qu'on lui prête, ce sont les projets de loi qu'il a le ferme propos de présenter au Parlement s'il est élu. Le politicien en a toujours trois ou quatre à mettre en vue, et il les choisit sans autre préoccupation que de plaire au peuple, de gagner sa faveur. Pour cela il faut que ses projets donnent des satisfactions évidentes à l'intérêt ou à la passion du plus grand nombre. C'est ainsi que, dans ces derniers temps, ont figuré, dans toutes les professions de foi radicales ou socialistes, l'abolition de la loi Falloux, l'impôt progressif sur le revenu, les statuts qui frappent les congrégations ou organisent les retraites ouvrières, enfin le service de deux ans. Toutes ces lois ont été apparemment conçues, non pas à cause du bien que la nation peut en retirer, mais à cause de l'avantage très évident qu'elles offrent aux classes les plus nombreuses. Les politiciens n'ont pas été arrêtés par la pensée, présente à beaucoup d'esprits consciencieux, que le service de deux ans pourrait énerver la défense nationale, que, tout au moins, il fallait user de mesures transitoires, se ménager des moyens de revenir en arrière. Ils n'ont voulu voir que la satisfaction qu'avait le peuple à être dispensé d'une année de service sur trois, et le plaisir non moins vif qu'il éprouvait à voir les fils des riches obligés de passer comme lui deux ans sous les drapeaux. De même, dans l'impôt sur le revenu, on n'a pas voulu voir, ou on a plus ou moins caché aux yeux des masses, la nécessité de procédés inquisitoriaux qui feraient des employés de l'État les confidents du secret des fortunes particulières, procédés si contraires à nos mœurs qu'on peut à coup sûr en prédire l'échec. On a insisté avec ostentation sur l'échelle progressive qui fait payer aux riches la plus lourde partie de l'impôt et sur les dégressions qui, plus bas, allègent le contingent des moins fortunés. Ces mesures, destinées à satisfaire dans les masses les désirs d'égalité qui leur sont naturels, mieux encore, la passion d'avoir son tour, de jouir à son tour d'un privilège, les députés n'ont pas encore été appelés à les discuter devant les chambres; on leur a enjoint de les voter sans raisonner; on les gourmande de haut, s'ils se permettent d'y introduire les contrepoids et les garanties nécessaires; en un mot, ils cessent, au regard de ces projets de loi, d'être des représentants, ils ne sont plus que des mandataires étroitement liés par le mot d'ordre qu'on les a chargés d'accomplir.

Enfin, il faut bien s'avouer que ces professions de foi tendent à devenir de plus en plus incomplètes, de moins en moins pratiques, à mesure qu'une volonté impérative les impose plus strictement à ses élus. Les politiciens ne sont pas dans le Parlement, ils n'ont pas à tenir compte de l'œuvre législative, ils n'ont à tenir compte que de ce qui plaît au peuple. Le peuple ne comprend que les choses simples, il faudra donc simplifier à tort ou à raison le texte des projets de lois. De plus, le peuple; est comme les enfants il n'est pas satisfait si la lutte n'est pas violente, s'il n'y a pas des vainqueurs et des vaincus; il entend que la minorité plie en gémissant sous le joug de la majorité, que le poids de la force et l'insolence de la victoire se fassent cruellement sentir. En outre, il y a une sorte d'émulation entre les politiciens; ils se donnent auprès du peuple, qui n'entend pas grand'chose à tout cela, le facile mérite d'être plus hardis que leurs pareils ou que leurs prédécesseurs, d'exiger des changements plus amples et plus radicaux, de faire tout de suite ce que ceux-ci auraient mis beaucoup de temps à faire. Le programme entre leurs mains devient rapidement une suite d'affirmations générales, qui ne sont qualifiées par aucune réserve. Ainsi les thèses contenues dans les professions de foi tendent à se rendre indépendantes des formes que doit revêtir nécessairement la loi. Elles excluent généralement, par la vigueur et l'absolu de leurs expressions, cette rédaction étudiée et tempérée, cette part faite à tous les intérêts en cause qui caractérisent un statut bien fait; elles sont, comme le programme lui-même, un morceau de drapeau qu'on agite aux yeux de la foule, et l'effet qu'on en attend est d'autant plus sûr que la couleur du drapeau est plus crue et plus tranchée, plus vive et plus intense, plus distincte et plus reconnaissable, en d'autres termes, que les aphorismes qui composent la profession de foi sont plus simplifiés, plus voyants, plus excessifs.

On voit par là à quel point l'optimisme des partisans du suffrage est peu justifié. L'aristocratie de naissance et la royauté absolue se sont de notre temps effacées devant le peuple, qui leur était incontestablement supérieur. Les divers modes de suffrage : suffrage censitaire, privilégié, se sont effacés ou s'effacent devant le suffrage universel, dont le juste triomphe n'est plus qu'une affaire de temps. Mais ce triomphe ne veut pas dire que ni le suffrage universel ni le peuple soient exempts de graves défauts; ils sont très imparfaits, et ils resteront d'autant plus incorrigibles que leurs partisans entonneront de bonne foi des louanges à leur adresse. Les dons qu'on accorde au suffrage populaire, celui d'être généralement impeccable, celui d'être généralement d'accord avec l'intérêt public, celui même d'être généralement l'expression fidèle de la volonté nationale, ne sont que l'écho des acclamations irréfléchies qui ont salué sa victoire sur ses rivaux. Le suffrage est une chose humaine, et comme tel il porte avec lui les insuffisances et les impropriétés sur lesquelles il faut rouvrir les yeux si on les a un instant fermés.

Le personnage qui prit alors la parole était un homme à la physionomie peu mobile, au regard presque éteint; il n'était remarquable que par l'admirable structure de sa tête, par son large front et sa puissante dolichocéphalie; nous l'appelions « l'Historien » parce qu'il s'était un jour avisé de faire de l'histoire, mais ce nom ne convenait guère à un homme chez lequel les faits, au lieu de s'arranger en simple série linéaire, s'organisaient uniformément comme une preuve, avec une majeure, une mineure et une conclusion.

On a jusqu'ici considéré, dit-il, le suffrage universel comme un équivalent de la souveraineté du peuple. On peut le considérer autrement, et voir en lui la forme accomplie de l'égalité politique. Entendu en ce sens, le suffrage universel n'est pas une découverte purement philosophique, une vérité que le progrès de l'esprit humain ait amené le penseur à concevoir sous une forme abstraite, c'est avant tout un fait nécessaire, qui s'est produit tout naturellement par la transformation de la société humaine. La philosophie l'a recueilli et adopté, lui a constitué des titres métaphysiques; elle a peu à peu effacé le caractère positif et historique de ses origines; elle en a fait l'auguste descendant d'un axiome. Ce n'en est pas moins l'histoire qui a fourni à la philosophie sa matière.

Qu'il me soit permis avant tout de définir les termes dont je vais me servir. Deux de ces termes sont la Société et l'État. On sent d'abord qu'il y a entre eux un lien très étroit et très serré. On sent ensuite qu'il ne serait pas tout à fait exact de les confondre. La Société, fait nécessaire, revêt graduellement la forme de plus en plus compliquée, organisée, puissante, que nous appelons l'État. L'État paraît être un fait moins élémentaire, moins primordial que la Société elle-même, mais l'histoire nous le montre comme le type vers lequel gravitent toutes les associations d'hommes ; il participe donc dans une très large mesure des caractères qui les distinguent. La différence est que, tandis que la Société nous apparaît comme une abstraction, l'État n'entre en scène que sous la forme d'un groupe particulier et réel, produit de l'histoire, et que, tandis que l'intérêt social engendre toute la morale, l'intérêt de l'État donne naissance à tous les principes politiques.

En somme, la Société est un type abstrait, dont l'État représente la forme historique, un type général, dont il représente une forme particulière et individuelle ; l'État en soi paraît aussi nécessaire que la Société, mais tel ou tel État particulier est évidemment chose contingente, et l'intérêt de cet État ne peut produire que des principes contingents comme lui, bien que leur généralité et leur permanence puissent leur donner l'air d'être absolus.

Nous voici donc en mesure de mêler, sans être suspects de les confondre, l'intérêt de la Société et l'intérêt de l'État. Notre premier soin doit être de montrer ce que je n'ai fait qu'affirmer sans le prouver, à savoir que les principes moraux et politiques procèdent tous plus ou moins de ce double intérêt. Cette démonstration résulte, comme on va le voir, de ce qu'il n'y a pas un état de nature, antérieur et opposable à l'état de société. L'homme naturel, c'est tout simplement l'homme social, et, par conséquent, il serait tout à fait vain de chercher dans une période supposée, où chacun vivait isolé des autres, sans gouvernement, sans lois positives, les lois vénérables et sacrées d'une humanité non encore déformée par la pression des cadres sociaux. C'est dans la société, comme dans son milieu naturel et nécessaire, qu'il faut considérer l'homme, et l'état de nature n'est que la ligne sans épaisseur, où commence, pour se continuer sans fin, un état social que la nature a voulu et préparé, et qui est tout entier son œuvre. Il suffit à l'homme d'un regard jeté autour de lui et sur lui-même, pour se convaincre que la plupart des choses auxquelles il tient, que tout ce qui fait pour lui le prix de la vie résulte, à n'en pas douter, des relations d'un individu avec l'autre, des relations de l'individu avec la Société et l'État. L'homme, comme l'animal, n'aurait pour s'exprimer qu'un cri s'il restait isolé; c'est la Société qui lui donne le langage et, par le langage, la pensée elle-même, qui ne vit que par les mots. La propriété, la liberté, l'esprit de famille, la patrie, la justice, la charité, la gloire, en un mot, tout ce qui offre des sujets à la pensée ou à la passion humaine n'existerait pas sans la Société. On n'en aurait pas même l'idée si la Société n'existait pas. L'hypothèse de l'homme naturel, antithèse de l'homme social, si fort en honneur au XVIIIe siècle, est un simple paralogisme; elle suppose que l'homme, qu'on imagine antérieur à la société, possède néanmoins une infinité d'idées et de sentiments que la société seule a pu lui fournir. Si on se le figurait privé de ces idées et de ces sentiments et n'ayant rien que les dons d'une nature en quelque sorte sauvage, il serait réduit à infiniment peu de chose, et ne serait guère différent d'un anthropoïde quelconque, candidat lointain à l'humanité. L'homme se convainc donc facilement, avec si peu que ce soit d'attention et de sincérité, qu'il est avant tout un homme social, que la société est la cause et l'auteur de presque tous les biens dont il jouit, qu'elle est la condition de leur durée et de leur permanence, que le premier et le plus vital intérêt de chacun est de la conserver, et de conserver, par elle et avec elle, les satisfactions sans nombre qu'elle a procurées à l'humanité, la sécurité qui lui permet de les goûter en paix.

Les principes politiques sont nécessairement d'accord, je viens de le dire, avec cet intérêt social. Ils ne peuvent pas ne pas l'être. S'ils y étaient contraires, la société se trouverait fort mal de les pratiquer, elle languirait, dépérirait, se dissoudrait ; mais déjà, avant qu'elle fût dissoute, les hommes auraient été amenés à se détacher d'un principe corrupteur, et à le rejeter. Tout principe qui dure et dont l'influence s'étend est donc, de toute nécessité, conforme à l'intérêt public, et il est à peu près certain qu'il y a entre l'un et l'autre une relation de cause à effet. Je ne vais pas plus loin, ne voulant pas préjuger les raisonnements et la conclusion qui viendront plus tard. En résumé, ceci demeure acquis, que tout principe politique a, au moins partiellement, sa cause dans l'intérêt social, ce qui entraîne cette conséquence, que les vérités les plus élevées, même celles auxquelles on cherche une origine métaphysique et qui gouvernent de haut les choses de la terre, ont un fondement expérimental.

Voyons par quelques exemples ce qu'est ce substratum, et quelle sorte de principes il engendre.

Je prends, par exemple, la constitution de la famille. Elle repose, presque partout, dans les sociétés progressives, sur la monogamie. Que chaque homme ne doive avoir qu'une seule femme, est-ce là une vérité abstraite, qui ne se démontre pas, ou se démontre au moyen d'un postulat, et qui ne dérive à aucun degré de l'expérience? Non, sans doute. Ce qui semble le plus probable, c'est qu'un petit nombre de sociétés ont d'abord adopté cette pratique, condition sans laquelle il n'y a pas de famille ordonnée, de pouvoir paternel tutélaire, d'épouse véritablement associée à son mari; qu'elles ont prospéré merveilleusement, et qu'elles ont détruit, ou entraîné à les imiter, les sociétés qui étaient restées plus longtemps attachées à la polygamie; et c'est ainsi, qu'après un temps et des séries d'expériences heureuses, la monogamie est devenue la loi du monde civilisé, et que nous n'éprouvons aucun étonnement à voir cette pratique, inconnue de Priam, de Salomon et de Mahomet, s'installer victorieusement dans nos statuts, et réclamer l'obéissance des hommes.

J'en dirai tout autant de la propriété individuelle. Elle a été précédée presque partout par la propriété collective, et, là où elle a prévalu, elle y est restée juxtaposée ou associée pendant des siècles. D'où vient qu'elle a triomphé, et que le collectivisme ne se maintient plus qu'à l'état de reste du passé, dans des sociétés retardées ou lentement progressives? Deux ou trois sociétés avaient, à la différence des autres, établi le principe de la propriété individuelle. Elles se sont trouvées avoir mis dans leurs lois et dans leurs mœurs un germe de progrès étonnamment puissant et fécond. Avec la propriété individuelle en effet — c'est l'expérience qui nous a donné cette leçon — l'attachement de l'homme à son domaine, son entrain au travail, sa prévoyance, le sacrifice de la jouissance présente au bien futur, en dernier lieu l'épargne et la capitalisation des revenus, sont devenus la règle, et ont assuré une prospérité inouïe aux sociétés qui, d'instinct, et sans en bien calculer les conséquences, avaient adopté ce régime. Leur exemple a été suivi, et lorsque, à la fin du dernier siècle, la Déclaration des droits a rencontré le principe de la propriété individuelle, elle en a fait résolument la base commune, le fondement nécessaire de tout Etat.

Le suffrage universel est né par l'opération des mêmes causes. La France est la première des sociétés européennes qui l'ait inscrit dans ses lois, une seconde a suivi cet exemple, puis une troisième, puis d'autres encore. En Angleterre, en Espagne, en Belgique, en Hollande, dans l'Empire allemand, le droit de vote existe aujourd'hui virtuellement pour tout le monde; les États-Unis avaient naturellement précédé l'Europe. Le suffrage restreint, là où il a subsisté, est considéré comme un reste précaire du passé qui ne pourra pas être conservé bien longtemps. Les hommes que le suffrage universel a dépossédés de leurs privilèges et dont il menace gravement les intérêts sont les premiers à reconnaître que son triomphe est inévitable.

D'où vient ce changement accompli dans les lois, en moins d'un demi-siècle? — D'une transformation profonde qui s'est produite dans les choses et dans les hommes. La législation électorale a parfois devancé cette transformation, elle l'a presque toujours suivie, et le suffrage universel se trouve être aujourd'hui l'expression exacte et légale du droit que les hommes puisent dans leurs désirs conscients, dans leurs capacités acquises, dans leurs intérêts reconnus.

Prenons un autre exemple, la liberté de penser. La liberté de penser peut se justifier par des considérations comme celles-ci : la personne humaine est inviolable ; la pensée, qui est une partie intégrante de cette personne, doit être sacrée comme elle ; d'ailleurs, toutes les pensées comme toutes les personnes sont égales entre elles, et il n'y a pas de raison valable pour qu'une d'elles s'érige en maîtresse et correctrice des autres; la pensée doit donc être libre. J'ai peu de chose à dire de cette argumentation : elle est toute composée d'abstractions et repose sur des postulats; elle néglige les faits, qui sont ici très nombreux et très concluants.

Que nous apprend, en effet, l'histoire, qui est l'expérience du genre humain? Il est remarquable que cette liberté fût encore à naître il y a quatre ou cinq siècles : on n'avait même pas l'idée qu'elle pût exister. C'est qu'alors l'Église était dépositaire du savoir autant que de la foi; toute connaissance un peu profonde, un peu philosophique, ne se rencontrait que chez les clercs; naturellement ce savoir était très petit et la foi très grande; c'est la foi qui donnait le ton. Les Écritures étaient la plus haute autorité qu'on pût imaginer; le public grossier ne remontait pas au texte, l'interprétation de l'Église lui suffisait; elle faisait loi pour tous les esprits; il n'y avait pas d'évidence qui tînt contre elles; un fait observé n'avait pas alors de crédit. L'intelligence humaine avait perdu l'habitude de regarder autour d'elle, et presque la faculté de voir les choses; elle ne savait que raisonner à outrance;

elle allait de syllogismes en syllogismes, de conclusions en conclusions. Si, à ce moment-là, quelqu'un eût pu avoir l'idée de décréter la liberté de penser, tout l'instinct de conservation de la société se serait soulevé dans chaque homme contre ce funeste présent. Dans ce monde où l'induction n'existait pas, où toute déduction avait son point de départ dans les livres saints, où la société civile vivait de violences, de rapines, de spoliations et de crimes, où la société religieuse était la seule gardienne d'un semblant d'unité et de règle, qu'aurait produit la liberté de penser? Chez les uns, un débordement de sophismes qu'aucun fait, aucune expérience n'auraient arrêtés dans leur cours, et comme conséquence un développement prodigieux de croyances hérétiques ou schismatiques infiniment plus nombreuses que les sectes que le catholicisme a reproché plus tard au protestantisme d'avoir engendrées; chez les autres, un débordement de vie animale et même bestiale, l'anarchie des désirs, des craintes, des passions, telle que nous l'a fait voir plus tard l'Italie de Machiavel. La liberté de penser n'aurait à ce moment-là rien laissé debout de ce qui peut maintenir le lien social par la communauté des croyances. La science n'existant pas, elle aurait détruit tout le reste, elle aurait placé l'homme au seuil de l'abîme et du néant.

Lorsque la liberté de penser, trois ou quatre siècles plus tard, a été proclamée par la Déclaration des droits, une profonde transformation s'était accomplie dans l'intelligence humaine et dans la société. L'esprit humain avait recommencé à voir et à entendre, il était devenu capable d'expérience et par conséquent d'induction; la Renaissance, en éveillant chez l'artiste une attention passionnée pour les choses du dehors, en exerçant l'œil à les bien voir et le tact à les reproduire dans leur relief, a produit, à la seconde génération, des savants curieux d'observer tout un autre côté des choses et de tirer, des faits minutieusement étudiés, les commencements de la science, changement décisif presque analogue à la transformation d'une espèce en une autre. Le second fait, qui a eu d'énormes, d'incalculables conséquences, c'est l'érection progressive de l'ample et magnifique édifice de la science ou plutôt des sciences, celles-ci se développant sans cesse, se divisant sans fin, s'étageant en hiérarchie, se prolongeant en séries qui n'ont pas de terme visible. Le propre de ces sciences est que la vérité n'y fait son entrée et n'y a de crédit que par son évidence même; elle ne doit pas un atome de son prestige à sa concordance avec les livres saints, à l'assentiment de l'Eglise; elle ne se découvre qu'à l'homme affranchi de toute superstition traditionnelle, qu'aux intelligences que ni la loi, ni les mœurs, ni l'opinion n'empêchent d'accepter la noble et exclusive servitude de la méthode scientifique. Les sciences supposent donc la liberté de penser la plus entière, et l'énorme masse des résultats obtenus, l'immense influence qu'elles ont eue sur la vie de l'homme, la certitude des progrès qu'elles nous promettent encore, recommandent hautement la méthode par laquelle elles ont été élaborées.

On voit par quelle filiation de causes et d'effets la liberté de penser a fini par s'accommoder à l'état des esprits au XVIIIe et au XIXe siècles. On passe généralement sous silence tous ces antécédents. On présente la liberté de penser comme une vérité qui était cachée jadis à notre ignorance et que le progrès des temps a peu à peu éclaircie. Eh bien, tout cela est faux et décevant. La liberté de penser était, non pas une vérité, mais une erreur dangereuse, il y a cinq siècles. Les esprits hardis, qui ont bien mérité de l'avenir en la défendant, ruinaient dans le présent des vérités encore indispensables; ils étaient justement condamnés par les esprits raisonnables qui entendent juger des choses par leurs conséquences. La liberté de penser est non pas nécessaire, mais contingente. Elle est née, à une certaine époque, du concours de plusieurs circonstances favorables; elle procède notamment de la méthode constamment employée dans la merveilleuse élaboration des sciences mathématiques, physiques et biologiques, et de l'habitude lentement contractée par la majorité des hommes de conduire leur esprit par certaines voies qui échappent à toute autorité et à toute tradition. Il n'est pas dit que les formules qui la résument à l'heure présente soient définitives et qu'elles ne doivent pas changer, après que le développement d'une nouvelle série de sciences encore inconnues aura recommandé aux intelligences une autre méthode et des procédés nouveaux.

Des conversations particulières se tenaient dans les coins de la salle, et mes longs et suppliants regards ne suffisaient pas pour les faire cesser. L'orateur s'en aperçut. J'ai abusé, dit-il, je le vois bien, de votre patience, mais je vais rentrer dans mon sujet, et j'espère que votre attention m'y suivra.

La souveraineté du peuple, qui s'est manifestée d'abord dans les temps modernes par la souveraineté de l'opinion, trouve, en dernière analyse, son expression la moins imparfaite dans le suffrage universel. Ce principe et ses substituts sont, eux aussi, quelque chose de contingent. Ils ne procèdent point des lois organiques de toute société. Dans les temps anciens, l'esclavage, en ménageant aux citoyens libres des loisirs, avait permis à une sorte d'opinion publique de se former. Mais cette opinion n'occupait qu'une place très humble et très réduite à côté de la loi, de la coutume et de la religion. Au moyen âge, l'unique préoccupation de l'immense majorité des hommes était : 1° de n'être pas tué, 2° d'avoir un bon habit de peau. La sorte de gens qui pouvaient penser vivaient dans les cloîtres; ils trouvaient leurs règles dans les livres saints, et les controverses, tranchées lorsqu'il le fallait par l'Église, portaient en général sur le sens et l'interprétation des textes. Jusqu'au temps de Galilée, l'Inquisition a pu être un obstacle à toute opinion dont les conséquences étaient en contradiction avec la lettre ou l'esprit de la Bible. Au commencement du XVIIe siècle, toutefois, une certaine force se dégage et prend consistance : c'est l'opinion. Elle suit les progrès de la richesse, de la vie urbaine, d'une oisiveté cultivée. Elle se multiplie et se confirme par l'imprimerie, par des échanges d'idées plus fréquents entre les hommes. Un nombre déjà considérable et indéfiniment croissant d'esprits arrive à se faire des idées personnelles sur toute question politique, économique ou religieuse. L'unité du monde, révélée par les voyages innombrables qui ont suivi la découverte de Christophe Colomb, réduit le christianisme à n'être plus que le cas particulier d'une petite fraction de la terre, et met plus haut que les croyances chrétiennes la raison et le bon sens également compris des catholiques et des protestants, des mahométans et des juifs, des brahmanistes et des bouddhistes, des petites peuplades sauvages qui commencent à se civiliser. Cette raison et ce bon sens sont, au XVIIIe siècle, la source où puisent presque tous les grands écrivains, suivis par tous ceux qui sont capables de les entendre. Leur opinion, ainsi secondée, commence à s'imposer aux souverains de la terre. Ils sont les distributeurs de la renommée ; les mesures qu'ils n'approuvent pas sont discréditées d'avance. L'autorité royale fait quelquefois le geste de lutter contre eux en leur refusant l'*imprimatur*, mais tout le monde, à commencer par elle-même, sait bien que ce refus n'empêchera pas la diffusion de l'écrit prohibé. Des princes absolus, tels que Frédéric et Catherine, ont pris le parti de se faire, à charge de revanche, les flatteurs de Voltaire, de Diderot, de d'Alembert. L'humanité et le sens commun, qui animent en tout pays la majorité des gens qui pensent, deviennent la loi de leur despotisme éclairé.

L'opinion n'a eu d'abord à son service qu'un seul organe, la presse. Cet organe n'a qu'une action indirecte sur le gouvernement, mais de quelle extraordinaire et irrésistible puissance! Bientôt devaient paraître et s'assouplir à la main deux autres organes exerçant eux aussi une action collatérale : les réunions et les associations. Mais avant que la trinité fût complète, le droit de suffrage, moyen direct d'agir sur le pouvoir, allait s'établir en France, à l'exemple de l'Angleterre et des États-Unis. C'est au commencement du XIXe siècle que ce grand changement a prévalu, et il a depuis gagné, sous des formes et à des degrés divers, tous les pays civilisés, sauf la Russie. N'était-il pas naturel et raisonnable de ménager à l'opinion des prises immédiates sur le pouvoir, et une façon de le ramener à elle, au lieu de cette action par influence qui pouvait rester longtemps sans aboutir, ou n'aboutir qu'à un conflit prolongé des deux forces? A ce droit de vote est venu s'ajouter, au cours du même siècle, le gouvernement parlementaire. Il s'est installé également dans tous les pays du monde civilisé sauf la Russie, et partout il a fini par produire ce qui est sa véritable fin, la responsabilité des ministres devant un parlement élu.

Voilà ce que nous apprend l'histoire, et il ne semble pas possible de revenir, dans aucun pays, sur ce qui a été acquis et réalisé, bien que la souveraineté du peuple soit évidemment contingente et qu'elle doive nécessairement disparaître si les causes qui l'ont produite cessaient d'exister. Avec ses deux organes, le droit de suffrage plus ou moins étendu et le gouvernement parlementaire, qui assurent à bref délai la résolution de tous les conflits conformément au vœu du public, le gouvernement de l'opinion peut, à l'égal de la monogamie et de la propriété individuelle, passer pour un produit de la sélection naturelle, pour un bien constant et assuré, résultat d'apports successifs qu'aucun accident n'a interrompus depuis cent cinquante ans.

Le suffrage universel, forme extrême de la souveraineté du peuple, n'a pu être réalisé au même degré chez toutes les nations. La fin du gouvernement est de faire des lois et des décrets. Or, en Russie par exemple, le moujick est parfaitement incapable de concevoir comment se fait une loi. Il la reçoit d'en haut, comme les Israëlites recevaient les tables du Sinaï, et, s'il est porté à l'obéissance, c'est qu'il croit à un personnage parfaitement sage et vertueux, auteur de la loi, à un père qui ne veut que le bien de ses enfants, en un mot, au Tsar, à l'Empereur. Dans cet état d'esprit, il ne saurait que faire d'un droit de suffrage; s'il ne vote point, c'est pour de bonnes raisons. Des dispositions analogues, quoique moins marquées, se rencontrent chez d'autres peuples, et c'est pourquoi la législation de plusieurs États n'a pas dépassé le suffrage à deux degrés ou le suffrage restreint. Mais ce sont là des exceptions, et des exceptions qui vont diminuant. L'extrême opposé se voit en France et en Angleterre, pays de grande civilisation.

L'évolution sociale a commencé par la réunion dans un étroit espace d'un grand nombre d'hommes autrefois disséminés. Les ouvriers ont été en masses compactes attirés dans les villes par la présence des machines propres à leur industrie. Ils se sont rapprochés, coudoyés; leur misère, vue d'ensemble, leur apparut plus amère, plus intolérable. Ils se sont comptés, et ont eu le sentiment de leur force. Une conscience commune, une conscience de classe, s'est développée dans ce sombre prolétariat. Ils se sont créé, des droits et des devoirs des citoyens, un nouvel idéal auquel n'ont manqué ni la logique ni la science pour le fonder, ni l'éloquence pour le rendre spécieux.

D'autre part, l'instruction primaire s'est étonnamment développée depuis cinquante ans. La moindre commune a aujourd'hui une école où, non seulement l'écriture et la lecture, mais toutes les branches essentielles du savoir sont enseignées. La presse à bon marché entretient ces connaissances une fois acquises; l'artisan a chaque matin sa gazette illustrée qu'il lit avec soin. Les chemins de fer qui transportent ces feuilles dans toutes les parties du pays, transportent en même temps de Paris à la province des voyageurs tout pleins de l'esprit subtil et acéré des villes, et ramènent au centre des provinciaux prompts à se déniaiser. L'homme sédentaire était autrefois la règle, le nomade l'a remplacé. Le mélange des hommes est devenu plus actif par le développement de la poste à deux sous, du télégraphe; du téléphone; le Lyonnais n'est pas aujourd'hui plus éloigné du Parisien, que le bourgeois de la chaussée d'Antin ne l'était, il y a soixante ans, de celui du Marais; l'assimilation sera complète en moins d'un quart de siècle. Un pays comme l'Angleterre ou la France contient une immense majorité d'hommes suffisamment instruits, jaloux de se décider par eux-mêmes, d'exercer une influence sur le train des affaires, informés de toutes les nouvelles, capables de correspondre et de s'associer d'un bout du territoire à l'autre. Toutes ces choses ont été accomplies par des forces sociales en dehors et indépendamment de la politique et, aujourd'hui, au nom de quel droit suranné pourrait-on refuser à ces hommes l'entrée du corps électoral? personne ne donnerait le conseil de l'essayer. Le suffrage universel s'est établi en France par un hasard en 1848, mais il a été conquis réellement par un travail de chaque jour, par un progrès ininterrompu, par une transformation profonde qui équivaut presque à la formation d'une nouvelle espèce d'hommes. On ne saurait trop y insister, le suffrage universel n'est pas du tout un droit absolu, un droit qui se révèle peu à peu aux esprits dans sa vérité transcendantale, qui est de tous les temps; il est un droit qui se forme, une vérité qui se modèle avec plus ou moins d'exactitude sur les besoins et les capacités des hommes. Ce droit et son principe, la souveraineté du peuple, procèdent de l'expérience, ils n'ont d'autorité, de nécessité que celle qui résulte des faits constatés. Le suffrage universel n'est pas l'étoile dont la lumière devient visible à un jour donné, grâce au perfectionnement du télescope, et qu'on s'en veut de ne pas avoir aperçue plus tôt, car elle brillait depuis longtemps dans les espaces; c'est comme un point lumineux, qui a sa cause dans la société où il a commencé à se former et a pris lentement consistance, avant de se réfléchir dans le droit électoral.

Un homme d'étude et de bon sens, que plusieurs d'entre nous, sensibles à ce qu'il y avait de maniéré dans ses gestes et sa façon de dire, avaient gaiement appelé « l'Homme pincé », éleva la voix, sans être entendu au milieu du murmure approbateur qui suivit ces dernières paroles. — Je n'avais qu'un mot à dire, reprit-il, quand le bruit se fut calmé. Notre ami « l'Historien » a très complètement prouvé une chose, c'est que le suffrage universel est acquis, qu'il est nécessaire, qu'il ne peut être abrogé, étant maintenu et soutenu par toutes les classes inférieures qui forment la plus grande partie de la nation, à quoi j'ajoute qu'il est essentiellement pacificateur, parce que, si l'on a souvent des raisons de critiquer ses arrêts, on n'a ni titre ni autorité pour les réformer.

Mais ce que notre ami n'a pas prouvé, c'est que ce suffrage ait été le meilleur entre les partis à prendre, c'est qu'il n'y ait pas beaucoup à regretter dans les systèmes qu'il a remplacés, c'est qu'on ne doive pas considérer avec inquiétude, avec une appréhension justifiée, les effets qu'il a produits, et qu'il peut produire encore : l'intérêt d'une classe, placé au-dessus de l'intérêt de l'État, l'esprit de parti préféré franchement au patriotisme, les moyens de plaire au peuple, de gagner sa faveur, devenus pour l'homme politique le commencement de la sagesse, le gouvernement délié au nom du peuple lui-même de ses devoirs envers la liberté, l'égalité, la justice, que le nouveau régime avait d'abord affirmés, le cynisme, la grossière apostasie, le dédain avoué des principes se produisant avec une sorte d'affectation là où autrefois avait dominé la science morale. En reconnaissant que le suffrage universel était la carte forcée, nous devons nous avouer à nous-mêmes que cette carte nous a fait perdre la partie, et que tous les peuples qui ont admis cette conséquence à la fois et cette cause de l'égalité politique doivent se résigner à subir, l'un après l'autre, les effets de plus en plus brutaux et cyniques de la force et du nombre.

Il nous sera donc permis d'approuver les hommes sages qui cherchent à retarder, là où cela est encore possible, à conjurer et à atténuer, là où le mal est fait, les conséquences du nouveau régime. Nous sommes, par exemple, avec ceux qui croient, comme Taine, que le suffrage à deux degrés serait un bien pour la nation. Nous sommes avec ceux qui, en Italie et en Espagne, conservent le plus longtemps qu'il se pourra les restes d'un régime censitaire. Nous sommes ailleurs avec les partisans de la représentation des corps, de la représentation des intérêts, du vote plural, etc. Ces expédients divers ne nous sauveront pas; ils nous aideront à sauver pour un temps les choses précieuses auxquelles s'attachent pour nous l'intérêt de la vie commune et la raison d'être de l'organisation sociale : la Justice, l'Honneur, la Liberté, la Patrie. Toutes seraient bien vite écrasées sans cela, par tous les appétits inglorieux et bas des masses souffrantes.

« L'Historien » ne paraissait pas se soucier de rentrer en scène. Je donnai la parole, sur sa demande, à un personnage qui avait montré quelque impatience, pendant le discours du précédent orateur. C'était un homme de cinquante ans environ. Des yeux mobiles éclairaient sa figure usée et ridée par la réflexion. Il était tout à fait exempt d'esprit de parti, aussi n'était-il jamais content. Il ne pouvait souffrir les esprits rétrogrades, et, d'autre part, il faisait sans cesse la leçon aux esprits avancés. Toutefois son pessimisme ne l'empêchait point de se rallier à certaines opinions extrêmes. Il était parfois très radical par entraînement logique, et il se trouvait fort embarrassé de l'être. Nous l'appelions « Publicola ».

Je crois, dit-il, que notre discussion se fût bien trouvée de serrer de plus près les causes qui ont fait le succès du suffrage universel ou, si l'on veut, les causes qui ont par degré discrédité les autres formes de suffrage. Il y a là plus d'un développement original et savoureux où notre historien eût excellé, et que je n'entreprends qu'à son défaut. Le principe du suffrage est l'égalité politique, or il n'y a pas plus deux hommes égaux qu'il n'y a deux feuilles semblables. L'égalité politique n'est nullement l'affirmation d'une égalité réelle entre les hommes; elle signifie seulement qu'il ne sera plus tenu compte des multiples inégalités que mettent entre eux le sexe, l'âge, la santé, l'intelligence, la culture de l'esprit, la compétence, la fortune. Toutes ces choses, et bien d'autres encore, sont distribuées inégalement entre les citoyens. L'égalité politique n'a donc aucune réalité qui lui corresponde, aucun semblant d'être qui la justifie; c'est une pure fiction. Il serait impossible de tenir compte de toutes ces inégalités dans une loi; il y en a trop; on y a décidément renoncé. Il faut remarquer de plus que les supériorités n'existent pas toutes ensemble chez un même individu; elles coexistent en lui avec des infériorités marquées sur un autre point. Un certain degré de culture ne va pas nécessairement avec la fortune; un certain degré d'intelligence naturelle ne va pas nécessairement avec l'âge ou avec le rang social; l'intérêt ne va pas nécessairement avec la compétence. L'entrecroisement des lignes est pour ainsi dire infini; il est impossible de tracer des divisions précises, de former des groupes nettement séparés. C'est donc par impuissance, non par choix, qu'on a renoncé à tenir compte, dans la distribution des votes, de toutes ces différences et qu'on s'est rabattu sur le principe de l'égalité politique. Cette égalité est, comme on le disait tout à l'heure, un pis-aller.

On ne s'est pas résigné sans avoir fait plus d'une tentative; deux solutions différentes ont été données du problème. Par la première, les classes inférieures par la fortune et apparemment par l'éducation ont été retranchées de la Société prise en bloc, elles ont été exclues totalement du pays légal, exemple : le régime censitaire, qui a été pratiqué sous la Restauration et le gouvernement de Juillet. Tous les autres systèmes de représentations indifféremment ont commencé par octroyer un suffrage à tous les citoyens; après quoi ils ont accordé des suffrages en plus à certaines personnes, ou ont donné plus de portée et de conséquence au suffrage unique qu'ils leur avaient conféré. Exemple : le vote plural, la représentation des corps et des états, les trois classes d'électeurs en Prusse, etc. Remarquons tout de suite que le second ordre de systèmes, bien qu'il contienne apparemment plus de justice que le premier, ne soulève pas une moindre réprobation. N'avoir pas de suffrage, ou n'en avoir un que pour le voir primé par le suffrage des classes pourvues de plusieurs votes, c'est tout un. Le peuple a le même sentiment d'une injustice subie, d'une diminution d'influence dont il n'accepte pas le principe; l'aversion et la révolte sont à peu près les mêmes contre les deux systèmes.

Mais voyons de plus près les difficultés qu'entraîne la distribution générale du pouvoir de voter. Les deux attributs auxquels peut être attaché un surplus de suffrage sont la compétence, qui est supposée par la fortune ou démontrée par un diplôme, et l'intérêt, qui se mesure principalement au degré de richesse, car l'homme riche, qui a de gros capitaux engagés dans toute espèce d'affaires, a d'autant plus de raison de tenir à la prospérité de la société dont il fait partie. L'homme pauvre, qui n'a d'autre préoccupation que de gagner son pain pour un jour, et qui s'en remet pour le reste à la providence ou au hasard, n'a pas lieu de souhaiter de la stabilité à l'organisation sociale, qui le laisse dépourvu. Une révolution, une guerre, un maître étranger lui font peu de tort, tout lui est ou devrait lui être indifférent.

Où cherchera-t-on, où a-t-on chance de trouver la compétence? est-ce comme autrefois dans la grande et moyenne bourgeoisie? Le type d'hommes sans lettres et sans culture qui ne savaient même pas ce que signifiaient les mots : Liberté, Patrie, Gouvernement, Droits et Devoirs des citoyens, a cessé d'exister par l'action commune de l'instruction primaire, de la presse, des réunions. Il se retrouve encore chez quelques individus isolés, mais l'immense majorité de la classe des travailleurs a cessé de lui appartenir. D'autre part, le grand nombre des fortunes rapidement faites a transporté, au sein des classes supérieures et moyennes, tout un personnel privé non d'instruction, mais d'éducation et de lumières, l'a mis aux prises, sans préparation, avec les facilités et les tentations de la vie, et a consacré trop fréquemment le divorce absolu entre le rang social et, soit la distinction d'esprit, soit un haut sentiment du devoir. Le travailleur qui s'est instruit par lui-même, qui a souffert et réfléchi (il y en a beaucoup dans ce cas), est infiniment supérieur, avec sa demi-culture, au fils de bourgeois qui a reçu à contre-cœur une éducation complète, et n'en a rien gardé, si ce n'est le dégoût des lettres et des sciences. Celui-ci fournit l'étoffe de ce célibataire abêti, qui mène une petite vie machinale dont le café, le théâtre, et la maison publique occupent tous les loisirs. C'est lui et non l'ouvrier qu'on pourrait qualifier d'indigne et priver du droit de suffrage. Il est donc moins juste qu'il ne paraissait d'abord, moins juste qu'autrefois, de limiter ce droit aux classes élevées. La limite tracée entre les classes courrait le risque d'enclore un assez grand nombre de gens incapables ou indignes de voter, tandis qu'elle exclurait un nombre considérable d'hommes assez éclairés pour prendre part à l'élection.

La compétence politique prête à une seconde remarque : l'instruction au-dessus d'un certain degré peut s'accroître indéfiniment sans que la capacité de bien voter augmente du même mouvement et dans la même mesure ; bien plus, lorsque l'homme en est venu à envisager scientifiquement le problème à résoudre, cette capacité va diminuant.

On se souvient que Taine, avant de remplir ses fonctions d'électeur, avait jugé à propos d'entreprendre une étude complète du présent et du passé de la France, de son esprit public, de ses préjugés, de ses besoins et de ses intérêts. Il aurait voulu connaître aussi par le menu les opinions et le caractère des candidats, et savoir quel fond il pouvait faire sur eux : il ne voulait pas à moins donner son suffrage. Cet homme consciencieux aurait donc retardé jusqu'à quarante ou cinquante ans le moment de s'acquitter de ses devoirs civiques. Mais qu'aurait produit, après cette longue abstention, l'étude qu'il se proposait d'instituer? Cette étude, en faisant passer sous les yeux du penseur toutes les raisons de se décider dans l'un ou l'autre sens, en des questions où mille intérêts divers ont tous quelques droits à influer sur la détermination à prendre, aurait probablement abouti à une incertitude chronique, à l'impossibilité de se jamais résoudre. Tout au plus aurait-elle engendré un misonéisme marqué, une préférence pour le *statu quo* dont au moins les mérites et les défauts sont connus. En allant plus loin, Taine se serait rendu compte que, dans bien des cas, les deux partis entre lesquels on peut choisir sont également mauvais, parce qu'il y a une circonstance qui les domine, et leur fait produire, à l'un comme à l'autre, les mêmes fâcheuses conséquences. Il aurait aperçu cette vérité très simple que, pour l'homme d'État, voir trop juste et trop loin est une disqualification, et que d'Argenson, pour avoir prévu et pressenti des réformes qui devaient se faire cinquante ans plus tard, avait été de son temps un assez médiocre ministre. Même à supposer que le grand homme qu'était Taine n'eût pas eu d'aversion naturelle pour les sauts dans l'inconnu, sa timidité accrue et sa conscience exigeante qui se faisaient sans cesse des scrupules, et demandaient indéfiniment de nouvelles informations, l'auraient moins bien servi qu'un peu de bon sens, de simple honnêteté et de décision, tels qu'on les peut trouver chez un électeur très ordinaire.

Quel est d'ailleurs l'office que l'électeur est appelé à remplir? Il n'a que l'humble tâche de choisir des députés. Il n'est point appelé à former un gouvernement, à proposer et à voter des lois : il lui suffit de savoir reconnaître et choisir l'homme clairvoyant, consciencieux, dévoué, qui sera un excellent contrôleur de l'activité politique, et un protecteur éclairé des intérêts de sa circonscription. Il sera amplement qualifié pour cet objet pourvu qu'il ait du bon sens, du sérieux, une certaine attention à ce qu'il fait. On ne peut pas dire que le bourgeois soit mieux doué que l'ouvrier à tous ces égards. On le peut d'autant moins que la nomination des députés ne donne même pas lieu le plus souvent à l'exercice de ces humbles facultés intellectuelles. La majorité des bourgeois, comme la majorité des ouvriers, ont généralement à voter pour quelqu'un qu'ils n'ont jamais vu, qu'ils ne connaissent que par ce qu'ils en ont entendu dire, par ce que leur ont appris les journaux sur sa personne et ses opinions, tout au plus par son rapide passage sous le gaz d'une réunion publique. Le bourgeois n'en sait pas là-dessus plus que l'ouvrier, et leur ignorance à tous les deux est une raison de croire qu'on n'a pas fait un grand et signalé progrès en substituant l'élection à l'antique tirage au sort. La différence entre eux, qu'on le remarque bien, n'est point de l'ordre intellectuel, elle est de l'ordre sentimental, elle consiste principalement dans les préoccupations intéressées, dans les passions égoïstes, avec lesquelles chaque citoyen s'acquitte d'un office public, de l'office d'électeur. Nous les examinerons dans un instant.

L'autre attribut auquel peut être attaché un surplus de vote ou un avantage dans la votation est l'intérêt. On peut dire assurément qu'un chef d'industrie a plus d'intérêt à la bonne organisation et à la prospérité de l'Etat qu'un de ses ouvriers. Est-ce là une raison de croire que cet ouvrier n'ait pas des intérêts énormes engagés dans l'Etat, des intérêts auprès desquels les gros capitaux du chef d'industrie font peu de figure? N'est-il pas juste que le citoyen ait le droit de nommer et de contrôler le pouvoir duquel dépendent les restrictions apportées à la liberté individuelle, à la liberté de se réunir, à la liberté de s'associer, à la liberté de conscience, à l'égalité devant la loi, à l'égalité devant le fisc, à l'égalité devant la peine, etc., biens plus précieux que toutes les richesses du monde? N'est-il pas juste qu'il ait le droit de nommer et de contrôler une autorité qui est entretenue en grande partie sur les impôts indirects, dont la plus forte proportion est à sa charge, et qu'il ait les moyens de lui imposer l'impôt progressif qui, en bonne justice, est si évidemment préférable à l'impôt proportionnel? N'est-il pas juste qu'il ait le droit de nommer et de contrôler l'assemblée qui décidera si, pendant cinq ans, trois ans, deux ans, ses fils seront enlevés à l'agriculture, à l'industrie, à leur famille, à leur métier, pour servir comme soldats?

Le projet de loi sur le service de deux ans a donné lieu à un retour offensif contre le suffrage universel. Le peuple, disent les adversaires du principe, n'a point aperçu toutes les conséquences de la loi, ou, pour mieux dire, il a fermé les yeux pour ne pas les voir; il aurait pu adoucir les transitions, se ménager un retour facile à l'ancien ordre de choses; il n'a rien fait de pareil; jamais le salut du pays n'a été sacrifié plus brutalement à l'intérêt de classe. Cette critique n'aurait toute sa force que s'il était prouvé que le suffrage restreint, mis aux prises avec la même question, se serait montré plus soucieux du bien de l'État. Eh bien, je le demande : si le suffrage restreint avait été la loi du pays en 1870 (car il faut remonter jusque-là pour instituer une comparaison étendue et probante) qu'en aurait-on pu attendre, si ce n'est le système d'une armée de métier, restant cinq ans ou sept ans sous les drapeaux, avec un droit de remplacement pour les fils de la bourgeoisie, qui en auraient usé sans vergogne? Thiers eût couvert cette lâcheté de son grand nom et de son ardent patriotisme. Qui donc, si ce n'est quelque radical fâcheux, introduit dans la Chambre par un hasard, aurait eu l'idée de proposer le service universel sans dispense? et tout ce qu'on dit aujourd'hui du service de deux ans et de ses conséquences, n'aurait-on pas pu le dire, avec plus de justesse encore, du système qui eût institué une petite armée professionnelle, en face des grandes masses mises en mouvement par l'Allemagne, et eût ménagé aux jeunes gens riches le honteux privilège de ne pas servir? Alors comme aujourd'hui, c'est l'intérêt de classe qui l'aurait emporté et, dans un des cas comme dans l'autre, il aurait aisément prévalu sur la préoccupation d'assurer la défense de la Patrie menacée. Aussi ces démonstrations scandaleuses d'égoïsme doivent-elles être mises au compte, non d'un système électoral déterminé, mais de l'infirmité humaine.

L'avantage donné à la fortune et à l'éducation, comme représentants présumés de la compétence et de l'intérêt, a en outre l'inconvénient de créer deux classes qui sont pourvues de droits différents ou inégaux. Une classe privilégiée et une classe déshéritée sont mises en présence, dans le même pays, et font partie du même corps social. La classe privilégiée qui, à force d'exercer son privilège, a fini par s'y complaire et le trouver naturel, arrive bien vite à l'illusion consciencieuse qu'elle fait beaucoup pour le peuple, qu'elle fait assez. Autrefois, les patrons n'auraient pas été embarrassés pour citer mainte concession faite à leurs ouvriers, faveurs ou actes de bonne grâce, qui ont pris rang par la suite dans les actes de pure justice ou de simple humanité. Aujourd'hui, ils peuvent citer les économats, les subventions aux sociétés de secours mutuels, les retraites ouvrières, dont ils fournissent en grande partie les fonds, les habitions construites à leurs frais dans le voisinage des grandes usines. Leur activité philanthropique ne connaît, pour ainsi dire, pas de limites. Mais, remarquons-le bien, le mérite de cette philanthropie, dont les patrons se savent gré, est en grande partie l'effet du suffrage universel et doit lui être rapporté. Depuis que les ouvriers sont devenus les maîtres dans toutes les élections politiques, il est de la plus élémentaire prudence de prendre les devants avec eux, d'accomplir, comme de son propre mouvement, ce que la loi pourrait si aisément obliger le patron à faire. Le sens moral de ces hommes a été réveillé. Les suggestions subconscientes de l'intérêt se laissent apercevoir derrière cette générosité sincère, cette bienveillance spontanée qui cherche des moyens, conçoit des plans, et travaille fraternellement au bien-être des masses souffrantes.

Les patrons, lorsque ce stimulant leur manque, ne se rendent pas toujours compte de tout ce qu'ils laissent en souffrance, et d'ailleurs les ouvriers ne s'en rendent pas compte non plus. Bien des réformes, qui semblent aujourd'hui les plus raisonnables du monde, ne se sont accomplies qu'après un temps très long, sans que l'opinion publique ait reçu dans l'intervalle aucun avertissement. La loi consacrant la liberté de coalition, au profit des ouvriers, ne date que de 1864. En face d'eux, les patrons conservaient, en dépit du code pénal, la faculté de se réunir et de s'entendre, afin d'empêcher la hausse des salaires. Ils en avaient même le droit, car ils n'étaient frappés que dans le cas, toujours contestable, où ils auraient « forcé injustement et abusivement l'abaissement des salaires »[1]. Il semblait naturel qu'à défaut de la Révolution de 1789, qui avait proclamé le principe de l'égalité entre toutes les classes, la Révo

1. Article 414 du Code pénal.

lution de 1848 accordât aux ouvriers le droit correspondant de se coaliser. Rien de pareil n'a été fait, et les ouvriers ont attendu soixante-dix ans la loi qui semblait la conséquence inévitable du principe d'isonomie. Ils l'ont attendue, incertains du droit qu'ils avaient de la réclamer, en face des patrons qui croyaient être justes en les citant devant les tribunaux, des juges qui les condamnaient en parfaite tranquillité de conscience, au milieu d'une opinion publique indifférente, qui assistait sans protestation à ces injustices. Que d'autres énormités il y a encore dans nos mœurs et dans nos lois ! énormités que j'aurais peine à citer, car la plupart du temps, je ne les vois pas, je ne les distingue pas. Je ne les distingue pas plus qu'Aristote les vices de l'esclavage. Mais elles n'en existent pas moins ; disgrâces réelles, quoique ignorées, de nos sociétés civilisées, qui donneront à nos neveux la même impression de barbarie et d'arriéré que nous donnent à nous-mêmes les institutions du moyen âge.

D'où vient que, depuis le jour où il en a été question pour la première fois, le suffrage universel ait perpétuellement gagné du terrain chez tous les peuples civilisés, et qu'il soit partout reconnu et consacré par la loi, ou à la veille de l'être? qu'a-t-il donc de particulier qui lui donne l'avantage sur ses adversaires? Cette qualité, qu'il est seul à avoir parmi tous les modes de suffrage, est tout simplement qu'il ne fait aucune part à l'arbitraire, ou qu'il en fait une moindre que tous les autres. Tous les autres font grand usage de l'arbitraire; l'arbitraire leur est essentiel. Voici par exemple le système de la pluralité des votes : il est entendu que tel homme doit avoir plus de voix que tel autre, et moins qu'un troisième. Mais par quelle inconcevable méthode de raisonnement et de calcul fera-t-on sortir trois chiffres exacts d'une appréciation aussi vague? Il faudra préciser, pour conclure, et prêter au raisonnement la rigueur d'une opération arithmétique. Même difficulté s'il s'agit d'un système qui donne le droit de vote à des classes, à des catégories, à des corporations. On saura bien, par exemple, que la science doit avoir plus que sa part proportionnelle dans la répartition des suffrages, car cet intérêt vital de toute société n'est représenté que par un petit nombre d'hommes, mais est-ce deux fois, trois fois, dix fois le nombre proportionnel de ses suffrages qu'il faudra lui attribuer? Je ne vois aucun principe d'où l'on puisse tirer cette conclusion arithmétique. Une autre difficulté, non moins grave, est de savoir s'il convient d'attribuer un nombre égal de votes aux syndicats de patrons et aux syndicats d'ouvriers, qui tous deux ont des titres à représenter l'industrie. Faut-il donner un avantage aux patrons, à cause des chances de succès qu'apporte à l'entreprise la capacité du directeur, ou aux ouvriers, à cause de leur grand nombre? Dans le nombre de votes assignés à l'industrie, fera-t-on une part aux syndicats jaunes, et la fera-t-on aux dépens des patrons ou aux dépens des ouvriers? Ne sera-t-on pas entraîné, par la haute idée qu'on se fait des corps, à leur donner un contingent de voix plus élevé qu'aux hommes qui ont usé de leur droit de ne faire partie d'aucune association et de rester libres? Enfin, si nous supposons qu'un Parlement veuille établir le régime censitaire, quelle autre lumière aura-t-il, pour choisir entre les cens de 500 francs, de 200 francs, de 50 francs, si ce n'est des appréciations très conjecturales sur l'état de la société, le progrès de l'instruction, la diffusion de la richesse? C'est sur ces à peu près suspects qu'il devra se fonder, pour établir avec précision le cens au-dessous duquel il n'y aura pas d'électeur.

Ce manque de correspondance entre la qualité et la quantité, entre le raisonnement dialectique et la conclusion mathématique, se traduit par une conséquence commune, c'est que tous ces systèmes fournissent des sujets de discussions et de disputes interminables. La controverse n'a pas de peine à trouver des objections spécieuses contre la solution, quelle qu'elle soit, qui aura été préférée. Les amours-propres s'aigrissent, les rancunes s'enveniment, les gens qui ont été tenus à l'écart du corps électoral, et ceux qui n'ont pas une part suffisante, à leur gré, dans la répartition des suffrages, sentent l'envie grossir dans leur cœur. Des mouvements révolutionnaires agitent sans fin la nation qui a exclu de ses conseils un grand nombre de citoyens, ou qui les a rangés dans la dernière de ses centuries. Le suffrage universel éteint toutes ces discordes, pacifie toutes ces animosités, met fin à ces menaces de guerre civile. Il prononce que tous les citoyens auront un vote et qu'aucun citoyen n'aura plus d'un vote. Cela n'est ni très juste ni très raisonnable, mais cela met les faiseurs d'objections en face d'un chiffre qui ne prête à aucune contestation, car ce chiffre est, à la fois, un minimum qu'on ne peut guère refuser à chaque citoyen, et un maximum qui ne peut être dépassé qu'en vertu de raisonnements fondés sur l'arbitraire. Le suffrage universel embrasse ainsi tous les citoyens, au même titre, dans le corps électoral; il refuse de faire acception des différences qui existent entre eux : instruction, fortune, famille, ne lui sont rien, ne comptent pas pour lui; il ne considère qu'une abstraction, l'individu, qui est semblable à un autre individu.

On a fait pourtant — ce dont peu de gens s'avisent — trois retranchements considérables, fondés eux aussi sur l'arbitraire; mais le caractère de ces retranchements, si nous le dégageons bien, mettra en pleine lumière la différence profonde qui existe entre lui et les autres modes de suffrage. On a, en premier lieu, exclu les femmes du corps électoral. C'est que là, en dehors des raisons nombreuses et variées, mais nécessairement arbitraires et contestables, qui pourraient nous porter à les exclure, il y a l'attribut du sexe, attribut très net, très incontestable, qui n'admet point, comme les autres motifs d'exclusion, de plus ou de moins. Le second retranchement, qui a été opéré presque partout, embrasse tous les soldats sous les armes, et là encore, le fait d'appartenir à l'armée constitue une différence indéniable. Il y a enfin l'exclusion des mineurs, qui comporte, il faut bien l'avouer, une certaine dose d'arbitraire, mais cet arbitraire ne pouvait être évité. Un enfant de un an, de cinq ans, de dix ans, ne saurait évidemment être admis à voter. A quinze ans, à dix-huit ans surtout, il pourrait probablement se faire une certaine idée de la politique et des gouvernements, et déposer avec quelque conscience un bulletin dans l'urne. On aurait donc été fondé, chez certaines nations précoces, à fixer à dix-huit ans plutôt qu'à vingt et un ans, à vingt-cinq ans, à trente ans, l'âge de la maturité politique. Mais remarquons-le bien, il aurait toujours fallu fixer un âge quelconque à partir duquel prendrait fin, pour l'enfant, la minorité électorale. Ainsi, on voit que ce n'est pas tant l'arbitraire que le vague et l'indécision qui résultent de l'arbitraire, qui arrêtent le législateur, et que, dans tous les cas où cet arbitraire résulte d'un attribut dont l'existence, dans chaque individu, ne prête ni au doute ni à la discussion, la loi n'a pas fait de difficulté d'admettre ou de consacrer une exclusion qui était recommandée d'ailleurs par d'autres motifs.

De la simplification à outrance opérée par le suffrage universel résultent plusieurs avantages signalés, dont le plus grand est de pouvoir dire aux électeurs qui seraient tentés de se plaindre du gouvernement : « Mais c'est vous qui l'avez nommé; nous n'avons fait entre vous aucune distinction arbitraire; vous ne pouvez nous accuser d'avoir apprécié et différencié vos titres; le titre de chacun est égal à celui des autres. Vous dites que vous êtes plus compétents que les autres? servez-vous de votre compétence pour persuader vos concitoyens. Si vous êtes mécontents, attendez la prochaine élection et tâchez cette fois de mieux faire. »

Il me reste à faire, avant de finir, une dernière

observation. Le défaut du régime démocratique (tout régime a le sien) est de supprimer presque partout les contrepoids, de n'admettre ni restrictions ni atermoiements, de se refuser systématiquement à la méthode expectante et, par conséquent, de créer une pente formidable, sur laquelle roulent sans arrêt les actions précipitées. Les institutions démocratiques sont extrêmement pauvres en avertissements, en incitations à ne pas s'engager; elles ne contiennent pas de système préventif; il n'y a pas d'arrêt constitutionnel efficace avant la faute faite, et la répression naturelle de la faute est le premier avis, la première admonition que reçoit le peuple ou le gouvernement. A ce point de vue, les modes de suffrage restreint, avec leurs préférences pour le *statu quo*, offrent moins de péril et plus de sécurité que le suffrage universel. Il est beaucoup plus rare de voir un pays se perdre, par l'absence d'une réforme faite à propos, qu'il ne l'est d'assister à sa décadence et à sa ruine, déterminées par un grand nombre de mesures égoïstes et inconsidérées. Supposons que le suffrage universel soit tenté par une forme d'impôt qui amène les gros capitaux à s'expatrier, quel obstacle rencontrera-t-il dans une constitution vraiment démocratique? Ce ne sera ni la Chambre des députés, entièrement, et de plus en plus, dépendante des électeurs, ni le Sénat qui, ou bien n'existera plus, ou sortira d'un suffrage de plus en plus voisin du suffrage universel, et sera, comme la Chambre des députés, l'interprète servile de l'opinion populaire, ni le Président, réduit de plus en plus au rôle de figurant, dans ce qui subsiste encore en Europe de l'antique cérémonial. Il cédera presque inévitablement à la tentation, jusqu'à ce que, le mal étant fait, l'exode des grandes fortunes étant consommé, il s'avise de sa faute et change brusquement de méthode. De même, supposons que le suffrage universel se soit prononcé pour le service d'un an, sans y joindre les précautions nécessaires, et que cette mesure, comme cela est probable, comme cela est presque certain, se trouve avoir désorganisé la défense nationale, aucune voix ne troublera apparemment le silence approbateur dont le peuple s'entoure, et il ne sera averti des conséquences du service d'un an que par les bulletins des victoires remportées par les Prussiens.

Le suffrage universel, dans la plupart des pays, n'a pas cinquante ans de date; il n'a pas subi l'épreuve du temps; il commence seulement à se dégager des habitudes prises sous des régimes différents. Il n'a pas eu le loisir de se créer, par ses fautes et ses repentirs, la sagesse dont il est capable, celle qu'il aura sans doute dans cinquante ans, après avoir traversé de grands périls et de grands mécomptes.

Des marques d'assentiment éclatèrent sur tous les points de la salle. J'y distinguai sans peine l'hommage particulier qu'on rend au dernier discours d'une discussion, à celui qui donne le signal du départ. Toutefois, il eût manqué quelque chose à ce débat, si je n'avais essayé de le résumer. C'est ce que je fis en peu de mots : — Il n'y a pas d'idée générale commune, de méthode, toujours la même, qui s'impose à toute cette discussion. Chacun a essayé de considérer le sujet, du point de vue spécial auquel l'avait préparé ses études. Il en est résulté que, bien que nous ayons aperçu tous les aspects de la question, et que nous en ayons fait le tour, nous ne sommes pas parvenus à la saisir dans son relief, avec ses trois dimensions, en quelque sorte.

Toutefois, s'il n'y a pas de vue maîtresse qui gouverne de haut cette discussion, il y a une pensée constante et profonde qui la pénètre. La souveraineté du peuple est essentiellement un principe négatif et contingent; on s'en aperçoit bien à l'impossibilité de le faire entrer dans les faits, de le « réaliser » : nulle part le peuple n'est, ne peut être souverain. Le suffrage universel, qui est l'unique moyen que l'on ait conçu de réaliser le principe, présente des insuffisances naturelles, qui sont cause qu'une société, même après avoir généralisé le suffrage, se trouve encore très loin d'avoir introduit dans ses institutions la souveraineté populaire. Ni la souveraineté du peuple, ni le suffrage universel ne méritent la glorification qu'on en a faite, le prestige dont on les a entourés. Pour ceux qui ne laissent point les mots leur obscurcir le fond des choses, on n'arrive au suffrage universel qu'en cherchant le moindre mal, en essayant de remplacer, avec le moins de dommage possible, les systèmes imparfaits de suffrage restreint.

Ce n'est pas seulement la loi du moindre mal qui s'applique ici, c'est encore la loi du moindre effort. La réalité, et aussi l'intérêt et la justice entendus dans leur vrai sens, nous amèneraient à concevoir un nombre infini de solutions, autant qu'il y a de différences entre les hommes. Il n'y aurait plus de principes absolus et permanents, auxquels tous les cas pourraient se ramener, et un apparent arbitraire, sujet de controverses insolubles, gouvernerait les relations de droit entre les individus. C'est, non par l'amour de la justice, mais par l'amour de la paix, que le genre humain a préféré, à tant de complications, un principe unique. Ce n'est pas tant sa raison que sa paresse qui l'a engagé à se contenter d'une formule brève qui résoud, en un instant et d'un mot, tous les différends. Il s'agissait surtout d'épargner sa peine. L'infirmité humaine est, au fond, la grande cause du mouvement d'idées et du progrès séculaire, grâce auxquels ont été conçus les principes métaphysiques. En somme, cette institution du suffrage universel, vers laquelle tous les peuples semblent s'acheminer à mesure qu'ils se civilisent davantage, est l'évidente conclusion d'un syllogisme dont les prémisses sont fournies par l'histoire, par l'expérience et par le progrès.

A vrai dire, il faudrait, à ceux qui se font juges de cette question, un mélange particulier de sentiments et d'idées, également éloignés du pessimisme et de l'optimisme.

Ce serait une sorte de déterminisme philosophique, qui ne se satisferait pas avec la formule d'un monde voué au mal et au malheur, ou au progrès incessant vers le bien. Il prendrait l'humanité à un moment donné, et observerait les effets durables, aussi bien de ses faiblesses que de ses généreuses ardeurs et de son labeur infini. Il compterait les causes de vérité et d'erreur, de destruction et de vie, ainsi juxtaposées; il les verrait lutter entre elles de façon à produire, pendant cinquante ans, la destinée, nullement divine, de notre espèce; il saurait que, dans le même intervalle, les causes se seront transformées, et que l'équilibre de leurs effets aura changé, en sorte que toute prévision au delà de ce demi-siècle nous est interdite; et cette courte sagesse, la seule à laquelle l'homme puisse prétendre, le laisserait plus attaché encore aux choses qui ne varient pas : l'honneur, la véracité, l'humanité et la justice.

Voilà les vérités que j'ai recueillies de notre discussion sur la souveraineté du peuple. Pris en lui-même, ce sujet est d'ailleurs l'un des plus complexes qui soient. Il est malaisé de suivre une voie rectiligne dans une région où se croisent tant de chaussées sans issue, tant de sentiers qui vont on ne sait où. — On se perd aisément, et je n'oserais pas dire que nous nous soyons toujours retrouvés : les belles choses, comme dit Platon, sont difficiles.

LA DÉCLARATION
DES DROITS DE L'HOMME ET DU CITOYEN
ET M. JELLINEK

LA DÉCLARATION

DES DROITS DE L'HOMME ET DU CITOYEN

ET M. JELLINEK[1]

I

Un professeur très estimé de l'Université de Heidelberg, M. Jellinek, a publié récemment, sur la Déclaration des droits placée en tête de notre Constitution de 1791, un ouvrage qui a eu quelque retentissement en Allemagne. Cet ouvrage a été traduit en français par M. Fardis, et un savant, dont le jugement ne se laisse pas aisément surprendre, M. Larnaude, a fait

1. Cette étude avait été inspirée à l'auteur par la lecture de l'ouvrage du Professeur G. Jellinek, *La Déclaration des droits de l'homme et du citoyen* (un vol. in-8°, Paris, 1902). Elle parut dans les *Annales des sciences politiques*, en 1902. M. Jellinek y répondit dans un article de la *Revue du droit public et de la science politique*, 1902, tome II.

précéder la traduction d'une préface, où il se rallie d'une façon générale à la thèse de M. Jellinek.

Cette thèse peut se résumer ainsi : La Déclaration des droits ne procède pas, comme on le croit généralement, du Contrat social; elle est si loin d'en procéder, qu'elle en est, pour ainsi dire, le contre-pied. Ses origines et ses modèles se trouvent dans les *Bills of Rights*, qui précèdent les Constitutions des États américains, promulguées de 1776 à 1789. La plus sommaire comparaison des textes suffit pour le faire voir.

La liberté religieuse, ajoute M. Jellinek, a été la première que les Américains aient possédée, la première qu'ils aient éprouvé le besoin de proclamer. Avec le temps, les autres libertés sont venues se placer à côté d'elle. Elles ont fourni toutes ensemble la matière des Déclarations, où l'Europe a trouvé le modèle des siennes. L'Europe n'a su que copier et imiter. En résumé, les plus anciens textes où figurent, méthodiquement rangées et ordonnées, les libertés de l'homme et du citoyen, sont originaires d'Amérique, et c'est la liberté religieuse qui a été leur premier centre d'attraction et de groupement. Celle-ci, à son tour, procède, par des étapes où il est facile de la retrouver et de la suivre, de la grande révolution opérée par Calvin, en sorte que toutes les Déclarations des droits, les plus anciennes comme les plus nouvelles, et particulièrement notre Déclaration française de 1789, se rattachent, par une filiation très authentique et très solidement prouvée, à la réforme du XVIe siècle.

Je n'examine point si M. Jellinek n'a pas obéi, sans s'en douter, au désir bien naturel de faire remonter à une source allemande la plus éclatante manifestation de l'esprit latin à la fin du XVIIIe siècle. Le savant le plus sincère est parfois la dupe de ces sortes de suggestions, dont la cause se cache dans nos instincts, au delà ou au-dessous de la conscience. J'examine sa thèse, sans remonter jusqu'à ces motifs reculés, et je ne trouve qu'une seule de ses conclusions qui soit fondée et vraisemblable : c'est que l'idée de réunir dans un seul texte les droits de l'homme et du citoyen et de les mettre en tête de la Constitution nous est venue d'outre-mer, et que cette idée n'aurait pas apparemment rallié, dominé, enthousiasmé tous les Français, si l'Amérique n'avait commencé par nous donner l'exemple, en rédigeant sa Déclaration d'indépendance et surtout ses *Bills of Rights*. Cela n'indique et ne préjuge rien, qu'on le remarque, sur les modèles, s'il y en a eu, qui ont pu être imités dans la rédaction de ce document et sur la source de l'inspiration d'où il est sorti. — De toutes les autres assertions de M. Jellinek, je n'en vois aucune qui s'accorde avec une vue saine des faits et des textes, et à laquelle je puisse donner mon plein assentiment : toutes me semblent également contestables.

II

La première thèse soutenue par M. le professeur Jellinek est que l'idée et le fait d'une Déclaration des droits sont absolument contraires aux principes du Contrat social. C'est ce qu'il croit démontrer sans peine, en rapprochant, du postulat sur lequel repose la Déclaration, les affirmations nettes et tranchées qui forment la base du Contrat. Les clauses de ce Contrat, dit Rousseau, se réduisent à une seule : l'aliénation totale de chaque associé, avec tous ses droits, à toute la communauté. — Mais, dit M. Jellinek, si cette aliénation est complète, que signifient ces autres droits inaliénables que l'individu n'a pas engagés dans le contrat, et en faveur desquels la Déclaration fait des réserves expresses? — L'aliénation se faisant sans réserve, dit encore Rousseau, l'union est aussi parfaite qu'elle peut l'être et nul associé n'a plus rien à réclamer. — Comment justifier, objecte M. Jellinek, comment expliquer, dans ce cas, cette réclamation, cette revendication solennelle des droits de l'individu? — L'État, poursuit Rousseau, est maître de tous les biens des citoyens par le Contrat social. — Ainsi, reprend M. Jellinek, la propriété n'est pas un droit réservé ; comme il est naturel, elle suit la liberté, elle est confisquée avec elle. — Il est contre la nature du corps politique, conclut enfin Rousseau, que le Souverain s'impose une loi qu'il ne puisse enfreindre... il n'y a, ni ne peut y avoir, nulle espèce de loi fondamentale obligatoire pour le corps du peuple, pas même le Contrat social. — Quelle peut donc être, conclut à son tour M. Jellinek, l'utilité d'une Déclaration des droits? Quelle peut être sa valeur juridique? Elle prétend lier l'État, et l'État ne peut pas être lié. Elle s'arroge les attributs d'une loi fondamentale, et il ne peut y avoir de loi fondamentale obligeant le Souverain envers les particuliers. Voilà bien, dans sa forte et simple tenue, l'argument de M. Jellinek, et pour tous ceux qui ne connaissent Rousseau que par lui, il est irréfutable.

J'ai deux réponses à faire à M. Jellinek. La première, c'est que la philosophie de Rousseau et les maximes du *Contrat social* pourraient très bien avoir inspiré une bonne partie des articles de la Déclaration, sans que Rousseau fût pour quelque chose dans le fait qu'il y en a eu une; la deuxième est que le fait de la Déclaration n'est nullement en contradiction, manifeste et directe, comme le croit M. Jellinek, avec les principes sur lesquels repose le Contrat. Le Contrat social est une convention supposée entre deux personnages, l'un abstrait, c'est la totalité des individus, pris collectivement, l'autre concret, mais presque impossible à réaliser, c'est l'unanimité des individus pris isolément. Ce Contrat a pour conséquences la constitution d'un corps politique, composé de l'État, ou Souverain, et des citoyens, ou sujets, et l'établissement entre eux de rapports déterminés. Ces rapports consistent en deux actes : le premier est l'aliénation complète de l'individu, de sa personne et de ses biens à l'État; le second est la restitution, à l'individu par l'État, de tout ce qui n'est pas nécessaire pour assurer à chacun la jouissance de droits égaux à ceux des autres; en sorte que le citoyen se retrouve, suivant Rousseau, plus libre après qu'avant le Contrat.

Rousseau s'arrête ici. Mais dès à présent nous sommes en possession d'un certain nombre de points essentiels. Le premier est l'égalité de droits de tous les citoyens; le deuxième est que la loi doit être fondée sur la nécessité de maintenir l'isonomie entre eux; le troisième est que la loi ne peut être que générale, et que, dès l'instant qu'elle devient particulière, elle n'est plus qu'un décret. Ces trois points sont l'essence même du Contrat et il n'y a pas de Contrat là où ils font défaut.

Il y a donc, dès le principe, quelque chose de

fixe et d'arrêté en dehors de l'arbitraire du souverain, et ce quelque chose pourrait, à lui seul, faire le sujet d'une Déclaration des droits. De plus, si l'on considère attentivement les articles plus particuliers de la Déclaration, on s'aperçoit que presque tous procèdent des trois articles fondamentaux, dont ils sont la conséquence nécessaire. Voilà donc notre Déclaration des droits constituée sans que le principe du Contrat social y fasse obstacle. D'ailleurs n'est-il pas possible d'imaginer que, non pas les sujets, mais le Souverain, puisse rédiger et promulguer une Déclaration de ce genre?

Nous sommes accoutumés à concevoir le Souverain comme un monarque, c'est-à-dire comme un individu qui est mis à part de la communauté, et qui a ses intérêts particuliers, plus ou moins opposés à ceux du public. Nous ne sommes pas habitués à le concevoir comme le peuple, sous un autre nom, c'est-à-dire comme la totalité des individus, lesquels sont confondus en lui et ne peuvent avoir d'autre intérêt que le sien. Quelle impossibilité y a-t-il à ce que ce soit le Souverain, ainsi défini, qui rédige et promulgue la Déclaration des droits?

Ce souverain n'a aliéné aucun de ses droits. C'est envers lui, en sa faveur, que l'aliénation a été faite. Il peut restituer tout ce qu'il veut à ceux dont il a reçu, et Rousseau a prévu qu'il fixerait les parts. Il est inévitable qu'une des deux parts soit réglée à son détriment et il n'y aura rien d'étonnant ni de contradictoire qu'il en soit ainsi, puisque le Souverain est, en dernière analyse, la même chose que le peuple. Rousseau applique au Souverain l'idée que les philosophes se font de Dieu : il peut tout ce qu'il veut; mais il ne peut vouloir le mal, parce que le mal est contraire à sa nature. Ainsi en est-il de l'État : il peut, lui aussi, tout ce qu'il veut; mais il ne peut vouloir conserver tous les droits qu'il a reçus par une aliénation volontaire; il est impropre par nature à les exercer. Ce ne sont pas les bornes de son arbitraire, ce sont les limites de son essence qu'il fixe par la Déclaration des droits. C'est pourquoi il n'implique nullement contradiction qu'un document, qui contient une Déclaration des droits, ait été inspiré, totalement ou en partie, par le Contrat social.

Un auteur a dit : — « Renoncer à sa liberté

c'est renoncer à sa qualité d'homme, aux droits de l'humanité, même à ses devoirs. Il n'y a nul dédommagement pour qui renonce à tout. Une telle renonciation est incompatible avec la nature de l'homme, et c'est ôter toute moralité à ses actions que d'ôter toute liberté à sa volonté. Enfin c'est une convention vaine et contradictoire de stipuler, d'une part, une autorité absolue, de l'autre, une obéissance sans bornes. N'est-il pas clair qu'on n'est engagé à rien envers celui dont on a droit de tout exiger? » — Voilà certes une introduction de grand style à la Déclaration des droits. Qui est l'auteur de ces lignes? C'est Rousseau lui-même, et le passage est extrait du *Contrat social*. Tant il est vrai que l'auteur ne voyait pas d'antagonisme essentiel entre les principes du Contrat et le fait d'une Déclaration des droits.

Les génies transcendants, les esprits supérieurs se jouent des conclusions étroites d'une logique qui croit que rien n'échappe à la rigueur de ses raisonnements. Les contradictions sont le propre des hommes qui ont longuement pensé, abondamment créé, largement détruit. Ils ont dit nécessairement beaucoup de choses, et parmi ces choses il y en a un grand nombre qui sont opposées entre elles ou même directement le contraire l'une de l'autre. C'est par l'action que les unes ou les autres ont exercée sur le public que se fait le départ entre celles qui doivent retentir au loin et à jamais, et celles qui tombent sourdement et sans écho. Quiconque étudie Voltaire rencontre à chaque pas des doctrines contraires, entre lesquelles il doit opérer de subtiles conciliations. Est-ce bien Locke, l'apôtre de la liberté moderne, qui a écrit, pour la Caroline du Sud, cette Constitution quasi féodale? Est-ce bien Auguste Comte, l'esprit le plus déniaisé qu'on puisse concevoir, le plus hostile à toute théologie et à toute métaphysique, qui a organisé sérieusement la religion de l'humanité et en a fait, pour ses disciples, un objet de croyance? Serait-ce diffamer Rousseau que de le prendre en flagrant délit de contradiction? Non, sans doute. Les grandes œuvres et les grands hommes ont leurs lois à part. Ceux-ci sont comme des phares, aux couleurs changeantes, dont l'éclat grandit et se mêle pour composer la splendeur vague et lumineuse de tout un siècle; et c'est de ce siècle tout entier, où les dissidences s'effacent, où les contrariétés se résolvent, où les plus et les moins disparaissent dans une moyenne, que naissent les grandes œuvres du siècle suivant. La Déclaration des droits n'est pas plus née de Rousseau que de Locke, des Bills des droits américains que de la Déclaration d'indépendance, mais elle est le résultat d'une cause indivisible : le grand mouvement des esprits au XVIIIe siècle.

III

M. Jellinek a une raison excellente de contester que Rousseau ait agi sur la Déclaration des droits, c'est qu'il croit à une autre influence, celle des États-Unis de l'Amérique du Nord.

Il écarte très judicieusement, comme je l'avais fait moi-même, l'idée que nos constituants aient pu prendre pour modèle, soit la Déclaration d'indépendance de 1776, soit les Amendements à la Constitution. Mais il cite avec une conviction, corroborée semble-t-il par plus d'une preuve documentaire, les Bills des droits des États particuliers, promulgués entre 1776 et 1789, comme la source principale où ont puisé les auteurs de notre Déclaration. Cela mérite quelque examen et donne lieu à quelques réflexions.

Avant de démontrer directement par les textes la ressemblance qui existe entre la Déclaration des droits et les Constitutions des Etats particuliers de l'Union Américaine, M. Jellinek cite un certain nombre de preuves indirectes. Un exemple fera comprendre ce que j'entends par là. Dans le débat qui s'ouvrit le 11 juillet 1789, La Fayette a été le premier orateur qui ait parlé de la nécessité d'une Déclaration et en ait fourni le modèle. On devait s'attendre à ce qu'il fît, en cette occasion, mention expresse des Bills des droits américains, dont le souvenir lui était certainement présent. L'idée ne lui en est pas venue, et M. Jellinek est forcé d'aller chercher, dans un document très postérieur, les *Mémoires* de La Fayette, l'allusion aux Bills des droits qui sert de base à son argumentation. Or, s'il est très significatif que La Fayette ait omis de parler des Bills des droits américains en présentant sa Déclaration, il ne l'est pas du tout que, nombre d'années après, il ait rapproché de cette Déclaration, et lui ait même donné pour cause, le souvenir qu'il avait gardé de la Constitution virginienne. Cette association d'idées a été évidemment trouvée après coup, et retenue parce qu'elle était vraisemblable et mettait de l'unité dans la vie du personnage[1].

Un peu plus loin, M. Jellinek se réfère à deux cahiers de 1789 qui contiennent tous deux des énoncés des droits de l'homme et du citoyen. On serait disposé à croire que ces cahiers invoquent expressément l'exemple des Bills des droits américains ; il n'en est rien : ni l'un ni l'autre n'invoque autre chose que la raison, le bon sens, la nécessité.

1. M. Jellinek aurait pu citer plus à propos le rapport de M. Champion de Cicé, archevêque de Bordeaux, présenté à l'Assemblée nationale le 27 juillet 1789. Encore faut-il remarquer qu'il n'est question dans ce rapport que de l'Amérique en général et qu'aucune allusion n'est faite aux Constitutions des États. Les autres orateurs — en petit nombre — qui ont parlé des États-Unis n'ont eu apparemment dans l'esprit que la Déclaration d'Indépendance de 1776. En outre la plupart d'entre eux, Malouet, l'évêque d'Auxerre, n'invoquent cet exemple que pour insister sur les différences profondes qui séparent le peuple américain du peuple français, et pour en conclure qu'une Déclaration des droits serait inutile et dangereuse.

Dans toute l'interminable discussion qui s'engage autour des vingt et une Déclarations des droits présentées à l'Assemblée Constituante, la Constitution virginienne, à laquelle M. Jellinek attache une particulière importance, est la seule qui soit citée ; elle ne l'est qu'une fois et très brièvement. Presque tous les développements sont tirés de l'analyse des notions de liberté et d'égalité, d'une conception du corps politique qui pourrait bien être empruntée à Rousseau. Rien n'est plus frappant que ce silence à l'égard des modèles d'au delà de l'Atlantique. Je reconnais sans peine que le même silence a été à peu près observé à l'égard de l'auteur du *Contrat social.* Mais on voit bien que se taire sur l'Amérique et se taire sur Rousseau ne signifie pas la même chose. Se taire sur l'Amérique indique que l'exemple des Constitutions des États n'était pas aussi présent qu'on le croit à la pensée de nos constituants. Se taire sur Rousseau n'indique pas que les idées émises par le philosophe n'étaient pas partagées par la majorité des esprits.

M. Jellinek termine ce chapitre par une

appréciation singulière : « Plusieurs écrivains, dit-il, relèvent d'une façon élogieuse la manière brève et concise, ainsi que le caractère positif, de la Déclaration d'indépendance, en face du verbiage obscur et du doctrinarisme de la Déclaration française. » Cela n'est qu'à moitié vrai. La Déclaration d'indépendance est écrite d'un style plus serré et plus rapide que les Bills des droits américains subséquents; M. Jellinek a raison de lui en faire un mérite. Mais comment est-il possible qu'on refuse à notre Déclaration la concision et la brièveté et qu'on la qualifie de verbiage obscur? Il faut en vérité l'avoir lue bien légèrement ou avec des yeux singulièrement prévenus pour ne pas y reconnaître et y admirer un style sobre, simple, nerveux, vibrant, un style digne de Rousseau.

Les preuves indirectes ne nous ont ni convaincu ni même ébranlé. Les preuves directes seront-elles plus démonstratives? M. Jellinek met simplement en regard, dans son chapitre V, le texte français et les textes américains, et il n'y ajoute aucune réflexion, comptant que le bon sens et la bonne foi du lecteur suffiront pour lui faire voir l'extrême ressemblance et la parenté des deux documents. Avant d'aborder à notre tour cette sorte de confrontation, j'ai plusieurs observations à faire. Premièrement : il n'y a pas un seul texte américain, mais sept à huit textes ; dans chacun de ces documents, M. Jellinek a découpé tout naturellement les articles qui se rapprochent le plus de la Déclaration française; il a négligé, non moins naturellement, ceux qui s'en éloignent. L'impression qui se dégage de cette lecture est donc, jusqu'à un certain point, factice et suspecte. Nous voyons bien tout ce que nos constituants ont pu prendre dans les déclarations américaines; nous ne voyons pas tout ce qu'ils ont dû y laisser. Il nous manque la sensation des deux milieux différents auxquels appartiennent ces articles, l'intelligence des deux esprits opposés d'où ils procèdent. En résumé, le choix, le triage sur le volet d'un certain nombre de dispositions extraites des Bills des Droits américains est un expédient anti-scientifique. Ce n'est pas un extrait, c'est la totalité du document qu'il eût été à propos de considérer; le caractère original et distinct des Bills américains aurait alors paru avec tout son relief et nul n'aurait eu l'idée que nous nous soyons faits leurs imitateurs.

Voici la deuxième remarque que je soumets au bon sens et à la bonne foi du lecteur : M. Jellinek n'ignore pas que l'une des sources d'où procèdent les Déclarations américaines est la Common Law anglaise, à laquelle il faut ajouter la Grande Charte, la Pétition de Droit, l'Acte d'Établissement. Il ne peut pas citer la Common Law, qui est pour la plus grande partie non écrite; mais il cite à plusieurs reprises, au bas des articles, la Grande Charte et les documents qui y font suite. C'est le cas, par exemple, pour le droit qu'a tout homme d'être jugé par ses pairs, et pour le principe qu'aucun sujet ne peut être frappé d'un impôt qu'il n'a pas consenti par lui-même ou par ses représentants. Je ne puis m'empêcher de croire que ces principes et d'autres encore, reconnus et pratiqués depuis des siècles en Angleterre, n'ont pas eu besoin de passer l'Atlantique pour nous revenir et qu'ils ont agi directement, d'un côté de la Manche à l'autre, soit sur la Déclaration des droits, soit sur le fonds commun du XVIIIe siècle, où cette Déclaration les a puisés. C'est autant à retrancher de l'influence des Bills des droits américains sur notre Constitution de 1791.

Une autre observation, à laquelle il est bien difficile à M. Jellinek d'échapper, c'est que ce fonds commun du XVIIIe siècle, alimenté par Locke, Montesquieu, Voltaire, Rousseau, s'était étendu à toutes les parties du monde civilisé, y compris les colonies américaines. De là est sortie toute la partie spéculative de la Déclaration des droits. De plus, c'était un caractère de cette époque de présenter, au premier rang et comme la source d'où découlait tout le reste, des maximes abstraites. Ces maximes étaient comme l'uniforme du XVIIIe siècle. C'était la règle, ou du moins la mode de ce temps-là, de penser et de s'exprimer en phrases générales.

Vers 1760, il existait concurremment en France, en Hollande, en Angleterre et aux États-Unis, et une manière de raisonner et une nature particulière d'arguments qui n'étaient propres à aucun de ces pays. Chacun développait à sa guise, et suivant son génie, les idées qu'il tirait de ce trésor commun. Ainsi, les analogies que l'on observe entre telles Déclarations américaines et la Déclaration française de 1789 ne doivent pas nous porter à les rapprocher l'une de l'autre, mais à les rapprocher toutes deux d'un même modèle. C'est comme les langues sanscrites et iraniennes, que la pensée de l'érudit novice est de comparer ensemble, tandis qu'une science plus approfondie nous fait concevoir un type plus ancien, duquel les deux groupes procèdent. Il n'y a donc pas lieu de supposer que tout ce qui se ressemble dans les deux documents provient de ce que notre Déclaration des droits a copié ou imité plus ou moins les Bills des droits des États-Unis. Chacun des deux textes a puisé, non dans l'esprit de son pays, mais dans l'esprit de son temps, des conceptions presque identiques qu'il exprimait en style abstrait, c'est-à-dire à la mode du XVIIIe siècle. Nul emprunt ne peut être décelé d'un document à l'autre.

Mais il y a une autre cause qui sépare absolument les Bills des droits américains de notre Déclaration; c'est le but que se sont proposé, de part et d'autre, les auteurs de ces textes constitutionnels, c'est la cause finale pour laquelle ils ont été libellés et promulgués.

Toutes les Déclarations des Etats-Unis sont conçues de façon à pouvoir être invoquées devant les tribunaux. Les Américains ont eu constamment l'idée qu'elles serviraient de base à plus d'un procès en forme, devant la Cour suprême de leur État; ils se sont préoccupés de préparer des arguments juridiques, des moyens que la procédure pourrait invoquer, et tout le contexte porte la trace de cette préoccupation. Pour les Français, la Déclaration n'est qu'un morceau oratoire; les articles se présentent désarmés, ou armés de leur seule majesté, de l'empire de la vérité sur les hommes. Aucun tribunal ne peut les accueillir comme moyens, ou en tirer les considérants d'un jugement. C'est pour l'enseignement du monde que les Français écrivent; c'est pour l'avantage et la commodité de leurs concitoyens que les constituants américains ont rédigé les articles de leurs Déclarations : de là une différence de ton et d'intention très marquée d'un document à l'autre. On sent qu'ils ne sont pas de la même famille, et qu'ils ne sont pas inspirés d'un même esprit, qu'ils se sont proposé des objets différents. La Déclaration des droits française est écrite dans le style sobre et hardi d'un philosophe qui n'est préoccupé que de l'idée générale à exprimer. Les Déclarations des droits américaines sont rédigées dans cette langue un peu méticuleuse et copieuse du jurisconsulte, curieux de n'omettre aucun expédient dont un demandeur pourrait se servir, curieux aussi de ne laisser aucun point faible par où une objection, une fin de non recevoir, pourrait s'introduire et s'opposer à la poursuite ; l'un donne tous ses soins à la noblesse des lignes, à la majesté de la forme, l'autre à la propriété, à la justesse et à la plénitude qui font que l'on peut tirer de son texte des conséquences pratiques. Il n'y a pas au monde deux documents plus dissemblables.

IV

Je prends un par un, comme l'a fait M. Jellinek, les articles de la Déclaration française, et je les compare à ceux des Déclarations américaines qu'il en a rapprochés. On sera, je crois, surpris de ce qu'une étude attentive nous fera trouver dans l'une et dans les autres.

« ARTICLE 1er. — Les hommes naissent et demeurent libres et égaux en droits. Les distinctions sociales ne peuvent être fondées que sur l'utilité commune. » — Dès ce premier article apparaît le contraste : Les Français naissent et demeurent libres et égaux en droits. L'égalité est mise sur le même pied que la liberté. De plus, ce n'est pas l'égalité de conditions, c'est-à-dire d'intelligence et de richesses, que l'on proclame contre toute évidence, c'est l'isonomie, l'égalité devant la loi. Que dit la Déclaration américaine? Que les hommes sont « par nature également libres et indépendants ». L'égalité est ici rejetée dans un adverbe, et n'a pas le sens plein que lui donnait notre Déclaration; elle se dérobe en quelque sorte derrière les deux adjectifs qui expriment l'idée principale. Ce n'est pas que l'Américain y soit indifférent, mais elle résultait si naturellement des conditions fondamentales de la société américaine, qu'on ne songeait pas à affirmer, séparément, un attribut qui allait pour ainsi dire de soi. D'où aurait pu naître l'inégalité en Amérique? On ne le voyait point, on ne le concevait même pas.

L'égalité, nul ne s'en préoccupait ; elle apparaissait simplement comme le corollaire de la liberté et de l'indépendance. Celles-là, il était nécessaire, il était à propos de les affirmer, au moment où elles se constituaient, par la suppression de la souveraineté qui avait toujours été pour elles une menace et un danger, la souveraineté du roi d'Angleterre. Je ferai la même observation au sujet du mot « distinctions sociales » que l'on peut lire dans la Déclaration française. Il est difficile d'entendre ce mot autrement que comme exprimant des distinctions de rang et de classe, c'est-à-dire ces exceptions et ces dérogations à l'égalité, qui apportaient tant d'obstacles et tant d'entraves aux rapports de société entre les hommes. La Déclaration américaine signifie tout autre chose. Elle vise le cas où des émoluments et des privilèges, séparés ou exclusifs, seraient accordés à un homme ou à une classe d'hommes, et elle n'y voit d'autre justification que l'intérêt public. Les émoluments et les privilèges séparés et exclusifs, qu'est-ce cela, sinon les attributs de toute fonction publique? Le fonctionnaire est payé ; il a des droits exclusifs qui sont inhérents à sa fonction. Le sens attaché par la Déclaration des droits américains à cette partie de son texte répond à celui que nous trouverons exprimé un peu plus loin dans la Déclaration française; il ne répond, en aucune façon, au terme « distinction sociale », entendu dans son acception la plus naturelle.

En somme, des deux idées qui figurent dans l'article 1er de la Déclaration des droits française, aucune ne se retrouve dans les documents américains que cite M. Jellinek.

L'article 2 donne comme but, à l'association politique, la conservation des droits imprescriptibles de l'homme : la liberté, la propriété, la sûreté et la résistance à l'oppression. Tous ces droits sont également cités dans les Déclarations américaines, bien que l'énumération ne soit jamais complète dans aucune. Mais le ton en est très différent de celui des Déclarations françaises. Le style du document français est sobre, clair, sec, impératif; le style du document américain est filandreux, il trahit la main du procédurier par les deux verbes, les deux substantifs, les deux adjectifs qu'il juxtapose à l'endroit où un seul verbe, un seul substantif, un seul adjectif serait nécessaire : *Life and liberty; acquiring and possessing; pursuing and obtaining; separate and exclusive, natural rights and the blessings of life*, etc. Cette forme de rhétorique est, dans tout pays, particulière aux juristes. Mais la différence la plus significative est le caractère plus ou moins sentimental qu'affecte la Déclaration américaine. Le droit de jouir de la vie, les bénédictions de la vie, le bonheur, mot deux fois répété, nous transportent un certain temps en arrière de la Déclaration des droits française. Celle-ci s'est débarrassée de ce pathos tendre et larmoyant; son langage est plus sévère, c'est celui d'un Destutt de Tracy ou d'un Cabanis.

Il y a une dernière et décisive raison de douter que l'article 2 procède d'une source américaine. Je l'emprunte à M. Jellinek lui-même. « Blackstone, dit-il, avait dès 1754 distingué et mis à part la liberté, la propriété, la sûreté des citoyens; il les avait élevées à la dignité de droits absolus, que la loi n'a pas d'autre fin que de défendre. » Les autres droits sont particuliers aux Anglais, ils sont auxiliaires et subordonnés et ne servent qu'à garantir les trois droits absolus. Si Blackstone a véritablement tenu ce langage dès 1754, s'il le répète dans ses célèbres « Commentaries » qui parurent en 1765, pourquoi ne supposerait-on pas qu'autant notre Déclaration, promulguée en 1789, que les Bills of rights américains, publiés de 1776 à 1786, ont emprunté directement sa formule au légiste anglais? Y a-t-il une nécessité logique, y a-t-il une preuve de fait, que la France ait fait directement cet emprunt aux Etats-Unis?

S'il est à peu près certain que les maximes de Blackstone ont été connues des Anglo-Saxons du nouveau continent, quelle raison a-t-on de croire que nos constituants français, ayant tout près d'eux un texte d'une grande autorité, déjà ancien, un texte qui avait eu le temps d'agir sur les esprits du XVIIIe siècle et de les gagner à ses idées, l'aient de propos délibéré négligé, pour aller demander un modèle, au delà de l'Atlantique, à des colonies qui faisaient alors bien peu de figure dans le monde, et dont les actes avaient peu de retentissement? Blackstone n'a sans doute pas eu besoin d'intermédiaire pour inspirer l'un et l'autre peuple.

L'article 3 nous montre clairement l'opposition du philosophe et du jurisconsulte. *La Souveraineté*, mot essentiellement métaphysique, a pour équivalent dans le texte américain le terme *pouvoir*, qui exprime quelque chose de senti, de palpable. L'expression : *réside habituellement dans la nation* appartient à la langue ordinaire et fait un vif contraste avec le terme, *is vested in the people*, qui nous situe en pleine jurisprudence. Quant au deuxième membre de phrase de la Déclaration française : « Nul corps, nul individu ne peut exercer d'autorité qui n'émane expressément de la nation », il n'est représenté dans le texte américain par rien qui lui soit semblable, et cela se comprend. Une nation, où existaient encore, où venaient d'être dépossédés des *états* comme ceux de la noblesse et du clergé, des corporations comme le parlement, pouvait être soucieuse de leur fermer les voies de retour au pouvoir. Rien de pareil n'existait aux États-Unis. Les Américains étaient, à la fois, dispensés de cette crainte et de cette précaution. On voit combien les équivalences sont rares, sous des analogies apparentes : elles sont rares parce que les peuples ne se ressemblent à aucun degré.

L'article 4 est ainsi conçu : « La liberté consiste à pouvoir faire tout ce qui ne nuit pas à autrui : ainsi l'exercice des droits naturels de chaque homme n'a de bornes que celles qui assurent aux autres membres de la société la jouissance de ces mêmes droits. Ces bornes ne peuvent être déterminées que par la loi. » Je l'ai cité en entier pour que le lecteur y retrouve la sensation du *Contrat social* et reconnaisse là du Rousseau tout pur.

L'article 4, par le fonds et la forme, est essentiellement français d'origine. Il se prononce en substance sur trois points : 1° il marque la limite de la liberté de chacun ; 2° en conséquence tous les individus exercent les mêmes droits ; 3° la liberté ne peut être réglée que par la loi. De ces trois idées, je n'en retrouve aucune dans les textes américains. Le premier article cité (Massachusetts) remonte à l'existence d'un contrat social originel et réciproque entre les citoyens et l'État et à la formule générale de ce contrat, qui est que tous seront gouvernés pour le bien commun. Les autres articles énoncent simplement l'idée banale que tout membre de la société a le droit d'être protégé par elle dans la jouissance de la vie, de la liberté, de la propriété. Ainsi, nulle ressemblance d'un texte à l'autre; le texte français est entièrement original.

Voici la teneur de l'article 5 : « La loi n'a le droit de défendre que les actions nuisibles à la société. Tout ce qui n'est pas défendu par la loi ne peut être empêché, et nul ne peut être contraint à faire ce qu'elle n'ordonne pas. » Encore ici, aucune des trois idées françaises ne se rencontre dans les textes américains. Deux de ces textes ont pour objet d'établir qu'un *remedy*, c'est-à-dire une procédure légale, sera ouverte à tout homme qui aura été lésé dans sa personne, dans ses biens ou dans sa réputation. Le deuxième et le troisième article ne laissent pas de doute sur leur origine, purement anglaise. L'un se termine par ces mots : « que ce *remedy* ne soit ni refusé ni ajourné »; ce sont les termes mêmes de la Grande Charte : *Nulli negabimus aut differemus rectum aut justiciam* (art. 40). L'autre n'a rien de commun avec le texte français; il n'est qu'une reproduction de l'article du Bill des droits de 1688, qui interdit de suspendre les lois ou leur exécution. Il n'y a donc jusqu'ici rien de commun entre le document français et les documents américains.

L'article 6 est ainsi conçu : « La loi est l'expression de la volonté générale. Tous les citoyens ont droit de concourir.... à sa formation. Elle doit être la même pour tous, soit qu'elle protège, soit qu'elle punisse. Tous les citoyens étant égaux à ses yeux, sont également admissibles à toutes dignités, places et emplois publics, selon leur capacité, et sans autre distinction que celle de leurs vertus et de leurs talents. » Il y a là quatre idées, dont une seule est mentionnée dans les textes américains, c'est l'idée qui, en toute terre anglo-saxonne, a servi de base au régime représentatif. Les textes que cite M. Jellinek répètent, l'un après l'autre, que les lois ne sont valables qu'autant qu'elles sont faites par les citoyens ou leurs représentants. L'un d'eux ajoute, à l'imitation du Bill des droits, que les élections doivent être libres. Un autre s'étend sur la qualification qui doit être la condition de la franchise. Rien de plus; aucune des trois idées : la loi doit être l'expression de la volonté générale, elle doit être la même pour tous, tous les citoyens sont admissibles à tous les emplois, n'apparaît, si peu que ce soit, dans les articles qu'on nous donne comme les modèles de la Déclaration française. J'ajoute cette simple remarque que la première et la troisième sentence semblent extraites de Rousseau et du *Contrat social.*

Avec l'article 7, nous abordons un grand sujet, celui des garanties judiciaires. Ces garanties sont par excellence les libertés britanniques. Elles sont aussi anciennes, pour le moins, que la Grande Charte, et c'est la Common Law qui en a reçu et gardé le dépôt séculaire. La Common Law est le patrimoine commun de toutes les colonies anglo-saxonnes. En matière judiciaire, l'Amérique n'a rien eu à inventer, elle s'est bornée à reproduire littéralement les maximes des jurisconsultes anglais.

Si l'on veut absolument que nous devions à d'autres qu'à nous-mêmes la partie de notre Déclaration qui concerne les garanties judiciaires, et si l'on se demande laquelle, de l'Amérique ou de l'Angleterre, en a inspiré les maximes, je ferai simplement observer qu'on a, d'un côté, des institutions très originales, très anciennes, très voisines de nous, puisque la Manche seulement nous en sépare, des institutions dont l'action s'est trahie au cours du dernier siècle par plus d'un indice; de l'autre côté, les mêmes institutions, mais de date toute récente, séparées de nous par toute la largeur de l'Atlantique, des institutions qui n'ont eu ni le temps ni l'occasion d'influer, si peu que ce soit, sur notre XVIIIe siècle. C'est à coup sûr le modèle, et non la copie, qui a été présent à l'esprit de nos constituants, et s'il y a eu emprunt ou imitation, les Constitutions de l'Amérique du Nord n'y ont eu aucune part. Mais cet emprunt et cette imitation, je n'en trouve pas la plus faible trace dans l'article 7. Je ne puis pas supposer qu'on ait eu besoin d'aller chercher et suivre, dans un autre texte, la filiation d'une idée aussi banale que la condamnation des arrestations arbitraires. Cette idée était, au XVIIIe siècle, un axiome de sens commun. Quant aux deux autres idées contenues dans la Déclaration française : l'auteur d'une arrestation arbitraire est punissable, l'homme arrêté ne doit pas résister, elles n'ont pas d'équivalents dans les Bills des droits américains. Les auteurs de ces Bills s'étendent et insistent sur les différents points de la procédure criminelle anglaise, presque tous passés sous silence par le législateur français. Celui-ci parle d'arrestation légale, d'arrestation arbitraire, mais il n'explique nullement en quoi consistent l'une et l'autre. Le législateur américain expose en grand détail : qu'aucun sujet ne pourra être arrêté sans que son crime ou son délit lui ait été représenté ; qu'on ne le forcera pas à s'accuser lui-même ; qu'il pourra fournir toutes les preuves à sa décharge ; qu'il sera confronté avec les témoins qui l'incriminent et pourra se faire entendre, par lui-même ou par son conseil ; qu'aucun sujet ne sera puni qu'en vertu d'un jugement de ses pairs, conformément à la loi du pays (expression anglaise consacrée) ; que les *general warrants*, pour la recherche dans les papiers ou la saisie de personnes non nommées expressément, sont condamnables et ne peuvent pas être accordés. On voit, dès le premier regard, l'énorme différence qui existe entre les deux textes. La Déclaration française se place au niveau de la loi, elle l'envisage dans les formes tutélaires qui lui ont été données, dans l'agent chargé de pourvoir à son exécution, dans le respect et l'obéissance que son nom seul doit inspirer au citoyen : c'est le point de vue du législateur et du philosophe. Les auteurs des Bills des droits américains n'ont pas l'air de supposer qu'il y a, ou peut y avoir, une loi écrite réglant toute cette matière; ils se réfèrent à la Common Law, qui n'est en grande partie que la jurisprudence des tribunaux et des cours. D'après les termes mêmes de ces précédents, les auteurs des Bills américains définissent les conditions de l'arrestation, des perquisitions, de la comparution, de la défense, du verdict de condamnation ou d'acquittement : ils sont constamment au niveau du juge, ils ne montent jamais au niveau du législateur. Il y a une telle dissemblance, disons même un tel contraste, entre les deux manières de concevoir, non seulement des idées différentes, mais la même idée, de les suivre dans leur développement, d'en tirer des conséquences, qu'il est difficile de comprendre comment M. Jellinek a pu s'exposer à la comparaison et à la confrontation de deux textes entre lesquels l'opposition de fond peut être si aisément démêlée.

L'article 8 traite encore de la matière pénale. Je me bornerai ici à relever une différence qui se rencontre presque partout, dans cette comparaison des textes américains et français. C'est ce que la loi doit être que nous montre le Français; c'est ce qu'elle ne doit pas être que l'Américain nous fait voir. Le Français dit, par exemple, que la loi ne doit infliger que des peines nécessaires, que la loi doit être antérieure au délit, qu'elle doit être légalement appliquée. Prenez maintenant les trois textes américains, je pourrais dire anglais, parce qu'ils sont la reproduction de la Magna Charta et du Bill of Rights : les lois sanguinaires doivent être évitées autant que cela est compatible avec la sûreté du pays; aucune loi, infligeant des peines cruelles ou inusitées, ne sera faite désormais; les lois rétroactives sont oppressives, injustes, incompatibles avec la liberté; aucune loi de ce genre ne doit être faite.

J'insiste sur ces deux façons opposées, l'une positive, l'autre négative, d'aborder les questions. Elles sont de grande conséquence. Le

Français, mis en présence d'une loi pénale répressive, aura toujours des questions à se poser. Il se demandera si la répression n'est pas trop ou trop peu sévère, si on n'atteindrait pas le même but en adoucissant les peines; le problème de la législation se pose devant lui dans toute son ampleur. L'Américain n'aura rien à se demander si la loi, inscrite dans son Digeste, n'est pas sanguinaire, si elle n'inflige pas de châtiment trop cruel ou inusité. Il n'est saisi du problème de législation que dans ce cas extrême et sous cette forme, en quelque sorte, grossière; c'est qu'en effet le Français se propose un but, l'Américain un autre, et les articles sont rédigés en conséquence. Ce que le Français se propose, c'est de faire un exposé de principes pour l'éducation de tous les hommes; ce que l'Américain se propose, c'est de présenter la liste des cas où la loi sera attaquable devant la Cour suprême de son État. Il ne dit pas, en conséquence, ce que la loi doit être, mais ce qu'elle ne doit pas être. Le Français nous montre tous les attributs de la loi, l'Américain ne nous en montre que les vices, car ce sont les vices qui fourniront des moyens à la poursuite et des considérants au jugement.

Je n'ai pas l'intention de poursuivre cette confrontation, que l'on jugerait avec raison fastidieuse. Elle nous amènerait jusqu'à la fin à la même conclusion. J'en ai assez dit pour qu'on voie clairement les caractères qui séparent les deux Déclarations, et qui écartent tout soupçon de parenté entre elles. Je me bornerai à spécifier, pour les articles restants, les parties de la Déclaration française qui n'ont point d'analogue dans les textes américains.

Art. 9. — Dans l'article 9, le législateur français déclare que tout détenteur de la force publique, qui emploierait des rigueurs non justifiées contre un individu qu'il est jugé utile d'arrêter, doit être puni. Rien de semblable dans les Déclarations américaines. Tout homme doit être garanti contre toute saisie de sa personne, toute recherche dans sa maison et ses papiers qui serait « unreasonable », c'est-à-dire qui ne serait pas justifiable devant un tribunal. Aucun magistrat, aucune cour, n'imposera de cautions excessives, ne prononcera d'amendes excessives. Je ne sais où il faut avoir l'esprit pour trouver dans ces deux articles la reproduction des idées du texte français.

Art. 10. — Ici s'observe encore le plus parfait contraste, dans la manière de concevoir la religion. Le texte français est singulièrement bref. Il affirme d'un mot la liberté des opinions et, par surcroît, celle des opinions « même religieuses ». L'abondance et les longueurs sont ici du côté des Américains : « Tout individu a un droit naturel et inaliénable d'adorer Dieu conformément aux commandements de sa conscience et de sa raison. Aucun ne peut être frappé, molesté, gêné dans sa personne, dans sa liberté ou dans ses biens, pour avoir adoré Dieu de la manière et aux moments qui sont le plus d'accord avec les ordres de sa propre conscience ou avec sa déclaration de foi, ses sentiments ou ses convictions, pourvu qu'il ne trouble pas la paix publique, ni les autres citoyens dans leur culte religieux. » On sent bien là ce que j'ai fait voir ailleurs [1], avec plus de détails : la plus haute philosophie dont un Américain soit capable ne va pas plus loin que

1. E. Boutmy. *Éléments d'une psychologie du peuple américain.*

l'apologie d'une sorte de religion naturelle, encore tout imprégnée de christianisme. La philosophie française de la même époque s'est infiniment élevée, elle s'en flatte du moins, au-dessus des différentes croyances religieuses. Elle regarde d'en haut le christianisme et les diverses formes qu'il a reçues au cours des siècles ; son dédain ne va pas toutefois jusqu'à l'athéisme, mais il en admet très clairement la légalité. Ajoutons cependant qu'il y a dans le texte français une sorte de brièveté calculée, faite pour masquer la grandeur de la question. Il semble que les philosophes ne soient pas bien sûrs d'être suivis par l'opinion, et qu'ils appréhendent de se mettre en contradiction avec elle. Quoi qu'il en soit, là encore, l'illusion n'est pas permise, et on ne saurait trop s'étonner qu'un esprit de la valeur de celui de M. Jellinek ait pu croire que la libre et sobre maxime française soit issue du développement très chargé que les Américains ont donné à leur pensée asservie.

Dans l'article 11, il est question de la liberté de la presse. Les articles américains et les articles français sont identiques par le fond, s'ils diffèrent par la forme. Il n'y a rien de semblable, toutefois, dans les articles américains, à l'obligation pour les citoyens de répondre des abus de cette liberté.

Dans l'article 12, nous rencontrons une divergence absolue : tandis que la Déclaration américaine prononce cette vérité banale, empruntée à la Déclaration d'indépendance, que tout gouvernement est institué pour le bénéfice commun et la protection des citoyens, le législateur français traite de la constitution d'une force publique, armée, gendarmerie, maréchaussée, police, institutions nécessaires pour la garantie des droits du citoyen, et qui ne doit jamais être employée pour l'utilité particulière de ceux qui en disposent.

Les articles 13 et 14 fixent avec une grande précision tout ce qui concerne l'impôt. Il y est dit, par exemple, que l'impôt doit être proportionnel aux facultés de chaque contribuable; que tous les citoyens doivent, par eux-mêmes ou par leurs représentants, en constater la nécessité, le consentir librement, en suivre l'emploi, en déterminer la quotité, l'assiette, le recouvrement et la durée.

Presque aucune de ces particularités essentielles n'est mentionnée dans le texte américain; il se contente de dire que chaque citoyen devra sa part de l'impôt, et qu'aucun subside ne sera établi, fixé, assis sur le contribuable, ni levé, sans le consentement du peuple ou de ses représentants. Ce sont les termes mêmes du Bill des droits, auxquels, après un siècle, on n'a rien ajouté. Quelle différence avec la Déclaration française, qui ne passe sous silence aucune des conditions qu'une saine économie politique aime à retrouver dans l'impôt!

Le premier des trois derniers articles est à peu près le seul qui justifie le propos de M. Jellinek; c'est celui qui traite de la responsabilité des fonctionnaires. Il est, pour le fond et la forme, identique dans les deux textes. L'article 17, où il est question de l'expropriation pour cause d'utilité publique, est également l'équivalent exact de l'article américain. Mais que nous voilà loin des grandes maximes auxquelles nous avait accoutumés la Déclaration des droits. Le seizième article seul a une signification et une portée. C'est dans cet article, qui survient à la fin de la Déclaration, à l'heure apparemment où l'on n'a plus grand'chose à dire, qu'est contenu l'axiome le plus important de la science politique, celui de la séparation des pouvoirs. Jamais texte n'a mieux laissé voir que les Français ne tenaient guère à affirmer, encore moins à pratiquer, la maxime de Montesquieu. Cette maxime avait, au contraire, laissé une marque profonde sur les esprits en Amérique, et il n'y a pas lieu de s'étonner que les constitutions des États particuliers aient tenu à honneur de clairement exprimer, et de développer avec complaisance, cette vérité profonde qui devait servir de base, quelques années plus tard, à la Constitution fédérale. Encore un saisissant exemple, que je donne en finissant, de l'opposition, de la contradiction presque constante qui séparent le document français des documents américains.

M. Jellinek fait suivre la comparaison du texte français et des textes américains de plusieurs observations qui ont de quoi nous étonner. Les Français, selon lui, auraient imité, non seulement le fond, mais la forme des Bills des droits américains. On a vu que forme et fond, tout, dans le document français, est original. Ce document se ferait remarquer, selon M. Jellinek, par une certaine concision, qui est l'un des caractères de notre langue : nous voilà bien loin du verbiage obscur qui caractérisait, deux chapitres plus haut, notre Déclaration. M. Jellinek nous concède négligemment qu'il y a, dans cette déclaration, trois articles originaux, mais qui peuvent paraître superflus et sans grande portée. Ces articles, le croirait-on, ne contiennent pas moins que la définition de la liberté et celle de la loi. Il dit enfin que la formule française se ressent du style et, sans doute aussi, des idées de Rousseau. A quoi bon alors avoir dépensé tant d'efforts pour démontrer que Rousseau n'est pour rien dans la Déclaration des droits, ou du moins dans le fait qu'il y en a une? L'important n'est-il pas de déterminer si une part notable de ces articles n'a pas été inspirée par Rousseau et ne procède pas évidemment du *Contrat social?* Il est à peu près indifférent de savoir si nos constituants ont été conduits, par l'exemple de l'Amérique, à réunir les droits de l'homme et du citoyen dans un document à part et à le mettre en tête de leur Constitution ; il ne l'est pas du tout de savoir quelle espèce de droits ils y ont inscrite et sous quelle influence le choix a été fait. Cette influence, au reste, n'est pas tant celle de Rousseau que celle du XVIIIe siècle tout entier, ainsi que je l'ai fait voir.

V

Après avoir marqué — ou plutôt essayé de marquer — l'origine de la Déclaration française, M. Jellinek se demande quelle est l'origine des Déclarations américaines. Le premier document qu'il rencontre dans ses recherches est la série des Déclarations anglaises, à commencer par la Grande Charte, à continuer par la Pétition et le Bill des droits, à finir par l'Acte d'Établissement. Il serait assez naturel de supposer des rapports de parenté, et même de filiation, entre ces documents et les autres textes que la même race, je veux dire la race anglo-saxonne, a élaborés dans le nouveau continent. C'est ce que M. Jellinek n'admet pas. Il remarque que les Bills des droits ne stipulent, en Angleterre, que pour les Anglais, tandis que les Bills américains stipulent pour tous les hommes. Les uns procèdent de l'histoire, les autres sortent du cœur de la nature, comme le dit Bancroft ; de plus, c'est une observation que j'avais déjà faite, presque tous les articles du Bill des droits, ou de l'Acte d'Établissement, sont plutôt des limitations apportées à la prérogative du Souverain, que des confirmations données aux libertés du citoyen. Les libertés proprement dites sont en très petit nombre dans les documents anglais ; elles abondent au contraire dans les documents américains.

Je ne méconnais pas la justesse de ces remarques ; mais elles n'empêchent pas que plus de la moitié, au moins, des Bills des droits américains ne soient qu'une simple transcription de la Common Law. Dans la Déclaration des droits de Virginie, que M. Jellinek prend volontiers pour exemple, je trouve que neuf articles sur seize sont dans ce cas. Il y est question du droit d'être représenté dans un parlement, d'y élire librement les députés, de n'être soumis qu'aux lois qui ont été votées et aux impôts qui ont été consentis par eux. Tout pouvoir de suspendre les lois ou de dispenser de leur exécution est déclaré contraire à l'intérêt public; de même l'entretien d'une armée permanente. Les garanties judiciaires forment une notable partie de cette Déclaration. J'y trouve la mention du jury, la défense, faite aux tribunaux, d'imposer des amendes ou des cautions excessives, le droit, pour le sujet, d'être exactement informé du délit qu'on lui reproche, d'être confronté avec l'accusateur, de produire ses témoins, de n'être condamné que par un tribunal régulier, conformément à la loi de la terre, de n'être pas exposé à des perquisitions faites en vertu de *general warrants*, de ne pas être soumis à des châtiments inusités ou cruels. Après cette simple énumération, qui oserait dire que la Common Law ne soit pas l'une des sources les plus abondantes des Bills des droits américains?

En second lieu, s'il est vrai que les articles anglais s'occupent plutôt de la prérogative du souverain pour la restreindre, et les articles américains des libertés du sujet pour les étendre, cela tient en partie à la disparition du souverain dans le second cas. Cette différence est l'effet nécessaire de la révolution qui vient de s'accomplir; elle ne prouve rien par elle-même. Enfin il est significatif de voir figurer, dans les Déclarations des droits américaines, des libertés dont il n'est pas question dans les articles anglais, et d'y entendre des maximes transcendantes et des sentences métaphysiques, qui n'ont pas d'analogues de l'autre côté de la Manche. Mais cela s'explique tout simplement par le changement dans la manière de penser, qui s'est produit de 1688 à 1776. Dans cet intervalle, de grands esprits ont paru, qui ont étudié, dégagé le droit naturel. Ils ont secoué l'histoire et les précédents qui avaient pesé, jusque-là, sur les ailes de leur pensée. Ils ont pris l'habitude de remonter très haut dans l'échelle des idées et de s'exprimer en termes métaphysiques. Cette transposition du langage, encore plus que de la pensée, s'observe dans tous les ouvrages de l'esprit au XVIIIe siècle, et on ne saurait s'étonner de la rencontrer dans un document que sa nature, et les circonstances où il a été connu, prédisposaient à un abus du langage abstrait.

Mais M. Jellinek suit son idée. Préoccupé de démêler l'origine des Bills des droits, il remonte la série des causes et ne s'arrête qu'à la Réforme, dont il fait la source première et directe de tout le mouvement américain du XVIIIe siècle. Il entend par le mot *direct* qu'il y a, entre la Réforme et ce mouvement, une suite non interrompue d'états de conscience religieux analogues à la Réforme elle-même, et d'institutions confessionnelles qui en procèdent. Il parle d'abord du Brownisme et des petites sociétés de réfugiés anglais dissidents qui s'étaient formées en Hollande, à l'état de congrégations indépendantes. Il nous les montre, apportant en Amérique le principe politique impliqué par leur foi religieuse. Il s'attache particulièrement à Roger Williams, qui aborde, un peu plus tard, sur ces plages prédestinées. Il nous le fait voir rompant avec les pratiques intolérantes des premiers immigrants, et fondant, à Providence, dans le Rhode-Island, la société, à la fois très fervente et très hospitalière aux autres croyances, d'où la tolérance religieuse rayonna sur toute l'Amérique. La Réforme, dit M. Jellinek, a engendré la liberté de conscience, cette liberté en échange de laquelle le pouvoir ne peut fournir aucun équivalent. Les Américains en ont fait le type de ces droits inaliénables, qui devaient plus tard se grouper autour d'elle dans les Déclarations des Droits des États-Unis. La liberté de conscience a été ainsi le premier modèle, sur lequel se sont réglées, avec le temps, les autres libertés. Si on peut dire avec raison que les idées de 1789 sont les idées de 1776, on peut dire avec non moins de probabilité que les idées de 1776 existent, en puissance, dans l'idée maîtresse apportée de l'ancien continent par Roger Williams, et cette idée n'est pas autre chose que le principe même de la Réforme.

Tout cela est dit sur un ton d'autorité et de négligence hautaine, comme si l'auteur était convaincu que, pour des vérités si évidentes, le simple énoncé suffit; il ne s'étend guère sur les preuves; il surprend plutôt qu'il n'emporte la conviction du lecteur. Au fond, cette démonstration n'en est pas une, comme on va le voir; il ne faut que la presser un peu pour y faire apparaître l'incohérence, le manque de lien entre les arguments. Mais ce qui est plus étonnant que tout le reste, c'est la désinvolture singulière avec laquelle M. Jellinek traverse tout le XVIIIe siècle, sans avoir l'air de se douter que cette période a vu naître et grandir une philosophie puissante, qui a laissé sa marque sur toutes les œuvres de son temps.

Rétablissons les faits. La Réforme a engendré, non pas la liberté de conscience, mais tout au contraire une foi plus profonde, plus tenace, plus attachée à ses racines que n'était la foi qu'elle aspirait à remplacer. L'immense majorité des réfugiés qui abordèrent en Nouvelle-Angleterre formèrent moins une société de citoyens qu'une communauté de fidèles; des lois sanguinaires interdirent l'accès de ces rivages aux catholiques, aux quakers, à tous les membres des sectes qui n'étaient pas Congrégationalistes. Un régime de terreur s'établit dans le Massachusetts et dans le Connecticut; toutes les âmes reçurent l'empreinte du puritanisme, et cette empreinte subsista, même après que les rigueurs de la discipline eurent fait place à des règles plus clémentes. Roger Williams ne représentait pas l'esprit de ces colonies. Il y fut persécuté et il dut se réfugier à Providence. Les autres *towns* qui furent fondées par ses disciples, ou par des réfugiés imbus de ses principes, n'étaient, pour ainsi dire, que les faubourgs de cette ville, puisque l'État de Rhode-Island, où elles étaient toutes groupées, est encore aujourd'hui le plus petit de l'Amérique du Nord. Son système d'ailleurs ne réussit pas : au bout d'un siècle, la société qui s'était constituée dans Rhode-Island, sous le régime de la liberté absolue, était un sujet de scandale pour tous les États-Unis. Les mœurs privées y étaient détestables et la foi publique en était absente. Ce qui s'établit, presque partout, à cette époque, aux États-Unis, ce n'est pas la liberté de conscience, mais quelque chose de très différent : la tolérance. Cette tolérance avait, presque partout, sa cause dans un raisonnement fondé sur les conditions économiques de chaque groupe social. Le premier, le plus senti des besoins qu'éprouvait chaque groupe, était d'accroître sa population, de se procurer des hommes. Allait-on les rebuter, les refouler vers d'autres rivages par des exigences confessionnelles? Ces émigrants détachés l'un ici, l'autre là, de la souche européenne, professaient les religions les plus différentes. N'était-il pas selon les fins économiques de chaque colonie de les accueillir toutes indistinctement, toutes celles du moins contre lesquelles le gros de la société ne nourrissait pas un préjugé tenace? C'est ce qu'on fit d'une manière générale. J'ai cité, quelque part, le prospectus que Penn fit répandre à de nombreux milliers d'exemplaires dans toute l'Europe. L'auteur y laissait entendre que les colons trouveraient, une fois arrivés, une tolérance entière pour le culte qu'ils étaient accoutumés à suivre. De proche en proche, ce régime gagna toute l'Amérique et s'empara, le XVIIIe siècle aidant, de toutes les consciences.

Car, il ne faut pas l'oublier, — et j'y reviens ici — la liberté de conscience a été la grande conquête de l'âge qui a précédé la Révolution.

Le Christianisme avait introduit dans le monde l'habitude de concevoir isolément chaque individu, d'estimer chaque âme un prix infini, et de faire du salut personnel de chaque chrétien la grande affaire de sa vie. La Réforme avait simplement réaffirmé ces thèses, qui contiennent virtuellement la liberté de conscience. Mais, à ces thèses, elle avait joint toute la ferveur d'une croyance qui s'estimait, de bonne foi, la seule capable d'opérer le salut des hommes et, par là, elle avait détruit les chances que son retour aux purs principes de l'Évangile avait données à la liberté de conscience. C'est le XVIIIe siècle qui, affranchi de toute ferveur religieuse, a trouvé la véritable base de la tolérance; il l'a fondée, non sur le scepticisme, quoique celui-ci y ait aidé, mais sur l'espèce de doute méthodique qui précède toute connaissance et toute croyance. En résumé, c'est d'une part l'esprit du XVIIIe siècle, d'autre part la cause économique que j'ai signalée plus haut, qui ont, bien mieux que la tentative avortée de Roger Williams et la Réforme, où M. Jellinek veut en voir la source, fait germer et se développer rapidement la liberté religieuse en Amérique.

On vient de voir quelle est la véritable source de la liberté religieuse aux États-Unis. Il nous reste à démêler l'origine des autres libertés, des libertés civiles et politiques.

Ces libertés sont de deux sortes. Les premières sont celles qui résultent, dans tout État civilisé, de la suppression, généralement opérée par une loi, des inégalités artificielles et traditionnelles. Elles consistent dans l'égalité devant la loi et les tribunaux, l'égalité devant l'impôt et le fisc, l'égale admissibilité à toutes les carrières, et enfin, le droit qui est la garantie de tous les autres, l'égalité devant l'urne électorale. On peut dire, si l'on veut, que ce ne sont pas là des libertés, mais nul ne dira qu'un peuple qui ne les possède pas est un peuple libre. Or, les colons ont possédé les trois premières, c'est-à-dire l'égalité devant la loi, l'égalité devant l'impôt, l'égale admissibilité aux places, du jour où ils ont constitué une société. Elles sont contemporaines de leur formation en corps politiques. Il n'a pas été besoin d'une loi pour rompre la tradition et leur donner autorité et crédit. Elles résultaient « de la nature des choses » et des circonstances dans lesquelles s'était conclu le premier pacte social. La dernière liberté, c'est-à-dire la liberté électorale, a été, pour des raisons qui se comprennent, un peu en retard sur les autres. Mais toutes ont rencontré des circonstances exceptionnellement favorables. Qu'on se figure un groupe d'émigrants arrivant dans le nord du territoire actuel des États-Unis, dans le Massachusetts. Ces hommes, qui se connaissent entre eux, qui professent la même foi, sont mis en présence d'un problème qu'ils ne peuvent éluder; ce problème est celui de l'organisation civile et politique qu'ils entendent se donner. Ils ont apporté d'Europe leur allégeance au roi d'Angleterre; mais ce roi n'est pour eux qu'une autorité nominale; il leur faut une autorité effective, et celle-là, où peuvent-ils la trouver, si ce n'est dans la communauté même, qu'ils forment par leur réunion? La majorité de cette réunion décidera chaque fois des résolutions à prendre. Elle créera la magistrature et le magistrat. Il y a lieu d'avoir un gouverneur, un trésorier, des juges, des officiers d'administration; elle les nommera tous ou presque tous. Des lois deviendront nécessaires; c'est elle qui les rédigera et les promulguera.

Que les émigrants aient procédé de la sorte, on le conçoit très bien; ce qu'on ne concevrait pas, c'est qu'ils aient pu procéder autrement. La démocratie, sous sa forme la plus extrême, était comme imposée à ces hommes. Ils ne trouvaient, dans la vie simplifiée que leur offrait cette terre inconnue, aucune des conditions politiques, géographiques, physiques, morales et sociales d'où procédaient les privilèges traditionnels de leurs pays d'origine. Ils étaient « nés de nouveau », comme le disait leur évangile, en arrivant sur ce sol presque désert et sans histoire, et la société qu'ils avaient constituée n'avaient rien de commun avec celle de la vieille Europe.

Ceci n'est sans doute qu'un cas extrême, particulier à la Nouvelle-Angleterre. Considérons donc les émigrants dans les autres colonies et notamment dans la Virginie, où une partie de la gentry anglaise était venue s'établir. Elle y avait trouvé l'équivalent des *latifundia* britanniques, de grandes plantations, où elle avait continué de mener, parmi les nègres et les petits blancs, la vie de squires assez grossiers et assez incultes. Il y avait là apparemment les éléments d'une nouvelle noblesse, d'une noblesse privilégiée. Mais sur quoi auraient pu se fonder les planteurs, à quelle autorité auraient-ils pu s'adresser, pour faire reconnaître leurs privilèges par la population, de plus en plus nombreuse, qui les entourait? En Europe, le noble a dû sa situation exceptionnelle, que les lois ont consacrée, à l'un de ces deux faits très anciens : la conquête, ou la subordination des terres l'une à l'autre. La conquête — si quelque chose de semblable a jamais existé en Amérique — s'était terminée de bonne heure, du jour où la masse des colons était devenue supérieure en nombre aux petites peuplades disséminées des Indiens. Le danger avait disparu avec les retours offensifs de l'ennemi, et le retentissement des victoires vengeresses. On n'avait plus besoin que d'un geste pour faire changer les Indiens de cantonnement et rendre disponible tout le sol dont on avait besoin. Quant à la subordination des terres l'une à l'autre, la certitude de trouver, par un déplacement de quelques lieues à peine, un fonds cultivable et la matière de quelque exploitation avantageuse dissuadait les colons de subir les conditions onéreuses que le grand propriétaire pouvait être tenté de leur imposer. En face de ce continent presque vierge, de mille lieues de large, la terre avait cessé d'être un monopole et de pouvoir devenir la base d'un privilège. En Europe, la noblesse, consolidée dans ses immunités héréditaires par une royauté partiale, a été de tous temps le grand obstacle à l'établissement des libertés égalitaires qui viennent d'être signalées. Mais, en Amérique, il n'y avait ni immunités héréditaires, ni royauté capable de les consacrer. Les colons se sont trouvés dans cette condition singulière qu'ayant apporté d'Europe des notions assez compliquées de caste et de privilège, ils n'ont trouvé, dans leur nouvelle patrie, aucun des faits historiques qui, dans l'ancien continent, ont servi de fondement à ces notions. Castes et privilèges n'ont pas tardé à disparaître.

En somme, toutes les libertés naissent naturellement sur le sol de l'Amérique. Ces libertés n'avaient donc nul besoin que la liberté religieuse eût pris l'avance et leur eût fourni le modèle qu'elles ont suivi. Elles se produisaient, chacune pour son compte, avec la même autorité que les autres; il n'y a pas de rang à établir entre elles. Elles se sont trouvées mûres ensemble et capables d'être inscrites dans les Bills of Rights; et ces Bills of Rights, c'est l'esprit même du XVIIIe siècle qui a persuadé aux Américains de les placer en tête de leurs Constitutions.

Il nous reste à considérer la deuxième espèce

de libertés : droit de réunion et d'association, liberté de la presse, libertés judiciaires et, finalement, liberté religieuse. Le propre de ces libertés, c'est qu'elles peuvent être octroyées sans qu'aucune classe de citoyens perde ce que gagnent les autres. Elles n'intéressent que l'État, ne sont un danger que pour lui, et n'impliquent de sacrifice que de la part du pouvoir. Il les *détache* de ce fonds d'arbitraire, qui est comme son lot constitutionnel. Aussi dépendent-elles en grande partie de la nature même de l'État. Là où la notion de l'État comprend un grand nombre d'éléments simplement historiques ou mystiques, par conséquent sans valeur devant la critique et sans résistance devant l'objection, il y a toujours, dans la région du gouvernement, une certaine répugnance à accorder des droits étendus d'association ou de réunion, une certaine inclination à désarmer ou à museler la presse. Presse, réunion, association, auraient bientôt fait de discréditer le pouvoir. Là, au contraire, où les éléments historiques et mystiques ont fait place à des éléments purement rationnels, comme c'est le cas dans une République, on ne verra point d'inconvénients, ou on en verra moins, à livrer les principes du gouvernement aux controverses et aux disputations des hommes. Une Constitution républicaine peut-elle ne pas conserver à la raison, qui a produit et organisé la République, à l'encontre de l'histoire et d'un passé traditionnel, tous les puissants moyens d'action qui l'ont aidée à prévaloir? De plus, les libertés de réunion, d'association et de la presse sont des institutions extrêmement dangereuses pour un pouvoir dont le représentant est toujours le même, alors qu'il devrait, pour bien faire, changer avec l'opinion. Elles sont au contraire une condition vitale pour un pouvoir dont le mandat expire périodiquement. Le parti victorieux n'a garde de toucher aux causes qui ont assuré sa victoire, et le parti évincé y voit sa ressource et y attache ses espérances, en vue de l'élection prochaine qui doit lui rendre toutes ses chances. C'est là une loi dont l'Amérique nous fournit un saisissant exemple.

Jamais un gouvernement précaire ne s'est senti encouragé à trahir les libres institutions qui l'avaient porté au pouvoir pour une période de quatre ans, et à s'assurer par une législation oppressive contre l'inconstance de l'opinion : toutes les forces de l'esprit public se seraient ralliées et soulevées contre lui.

Et maintenant, où étaient puisés ces éléments rationnels qui, en se dégageant peu à peu du milieu historique, ont tendu, presque partout, à produire la République ou quelque chose d'approchant? Ils étaient puisés à la grande source du XVIIIe siècle, et nous retrouvons là encore l'impétueux courant du droit naturel qui les déposa partout sur ses bords.

Que nous voilà loin de la Réforme, loin surtout d'une liberté de conscience servant de modèle et de cadre aux autres libertés. De ces libertés, les unes n'étaient que la suite nécessaire d'une organisation sociale, naturellement exempte de tout privilège, disons mieux, de toute inégalité. Les autres étaient commandées, en quelque sorte, par la nature même de l'État, dans une République. Ces deux causes toutes-puissantes, qui les rendaient présentes à tous les esprits, leur donnaient, aux unes et aux autres, l'éclat et le relief, et les rendaient propres à devenir le sujet d'une exposition doctrinale. Rien d'étonnant donc qu'une déclaration les ait réunies en tête de la Constitution; et le fait que la liberté religieuse les a précédées n'indique nullement que celle-ci les ait introduites par son exemple et leur ait préparé une place qu'elles occupaient si naturellement.

VI

Je demande pardon au lecteur de m'être laissé entraîner dans une discussion en forme, dont je ne prévoyais pas l'ampleur, et je m'excuse, auprès de M. Jellinek, d'avoir employé parfois des manières de parler que leur brièveté même a pu rendre blessantes.

J'ai, je l'avoue, une sorte d'irritabilité qui est particulièrement mise en éveil lorsque je vois des hommes, jouissant d'une grande autorité, s'obstiner à chercher l'origine des idées dans d'autres idées antérieurement émises et établir ainsi la filiation des doctrines, indépendamment des transformations que subit la société et des besoins nouveaux qui s'y développent, parfois avec une singulière énergie. Ces besoins sont la cause profonde, souvent cachée, des théories élaborées par les hommes supérieurs de chaque siècle. Le génie du penseur n'a pas tout fait; le milieu social et les circonstances ont été de moitié avec lui; et c'est ce milieu qui, presque toujours, a déterminé souverainement la direction que les grands esprits ont prise avec une apparente liberté. C'est pourquoi je ne crois pas que les idées d'un Luther aient pu, en franchissant un siècle, se retrouver dans les idées d'un Roger Williams, puis, en franchissant un autre siècle, se fixer dans les Déclarations de l'Amérique du Nord, d'où elles ont passé dans la Déclaration française, qui leur a donné un grand et solennel retentissement. Je crois que c'est tout le XVIIIe siècle, destructeur de toute tradition, créateur du droit naturel, qu'il faudrait appeler à signer de son nom ces conclusions pleines de sens et de vigueur. Le genre de démonstrations où s'est complu M. Jellinek ne peut satisfaire que des érudits. Il faut à l'homme d'État des causes plus substantielles, qu'il ne trouvera pas ailleurs que dans la richesse, la variété et l'ampleur d'un siècle tout entier.

ALBERT SOREL

ALBERT SOREL[1]

M. Albert Sorel vient de terminer son œuvre magistrale, l'œuvre de toute sa vie; il clôt par un huitième volume son histoire de *l'Europe et de la Révolution française*. Il y a, certes, une satisfaction à s'incliner devant cette science profonde et variée, cette maîtrise des faits, ce culte de la forme, cette vigueur de conception et d'exécution, attributs d'une pensée toujours jeune, toujours égale à elle-même, du commencement jusqu'à la fin de l'ouvrage. Il y a une satisfaction plus savante et plus raffinée à distinguer entre les divers personnages avec lesquels s'identifie tour à tour la figure de

1. Cette étude fut publiée dans les *Annales des sciences politiques*, en 1905.

M. Sorel : l'historien, l'écrivain, le psychologue, le patriote et le professeur, à considérer chacun d'eux à part et à les caractériser, afin de mieux connaître l'homme qui les réunit en sa personne. C'est ce que je voudrais essayer de faire brièvement.

L'un de ces personnages est l'historien. C'est le principal et le premier ; il l'emporte sur tous les autres. L'historien se distingue du romancier et du pamphlétaire par son désir sincère de reproduire sans parti pris la réalité. Il n'est véridique qu'à la condition d'être honnête, honnête qu'à la condition d'être sérieux, et ces trois qualités se réunissent pour exiger qu'il soit exact jusqu'au scrupule. Sorel a été tout cela. Il s'était créé dès l'origine, et il a continué d'observer jusqu'à la fin, une méthode de notation qui l'assurait contre le péril, non de ne pas tout connaître, c'est chose impossible, mais de mal interpréter, de mal qualifier les événements, de se satisfaire avec un ordre incertain et grossier, où l'on n'est pas sûr que tout soit à sa place et à son rang, de prendre parfois l'effet pour la cause et la cause pour l'effet, faute de bien savoir lequel est venu le premier dans le cours du temps. Il commençait par prendre un papier d'une grande largeur qu'il divisait en autant de colonnes qu'il y avait de pays ou de groupes de pays. Il marquait, dans chacune de ces colonnes, les événements de quelque poids qui pouvaient avoir exercé une influence. Ces événements étaient portés à leur date, j'entends à leur date précise, par exemple, « le 18 juillet 1795, dans la matinée », et ils figuraient seuls sur une ligne laissée vide dans les autres colonnes. Ainsi, l'ordre des faits devenait quelque chose de sensible et de palpable. On n'a jamais pu, que je sache, reprocher à Sorel une interversion de dates, ou, ce qui est plus grave, un rapport de filiation établi à faux entre deux événements. Ces erreurs ou ces méprises étaient contredites, écartées d'avance par ce tableau des temps, exact et précis jusqu'au jour et à l'heure. L'homme qui, afin de bien savoir, s'astreint à ce travail fastidieux de classement, a été de tout temps un personnage rare : par ce simple procédé de notation, l'historien révèle déjà sa présence.

Cette précaution prise, la besogne n'était pas

faite, tant s'en faut. Chacun des événements historiques était entouré de faits nombreux et attachants. On ne pouvait les énumérer tous sans produire une sorte de confusion. Il fallait en éliminer la plus grande partie, sans se mettre trop dans le cas de regretter le sacrifice, et ne garder, partout où cela était possible, que les faits caractéristiques, ceux qui aident à l'intelligence de toute une période. Sorel, merveilleusement instruit et informé de tout, même des plus petits détails de l'époque qu'il avait à raconter, excellait à faire ce départ : il le faisait en historien. Il y a des gens qui commencent un livre par un tableau succinct des faits et des idées principales. Ils y ajoutent, peu à peu et un à un, des développements, des épisodes. Ils arrivent ainsi par degrés à l'ampleur voulue, à la proportion qui convient. Sorel emploie une méthode toute contraire : son plan établi, il écrit, sans souci de la correction du style, sans se préoccuper des répétitions, un texte qu'il sait surabondant. Il le reprend ensuite, élimine ce qu'il y a de trop, sacrifie, avec un courage dont j'ai été témoin, des parties, même très bien venues, et condense sa composition en un récit digne d'être présenté au public. Le résultat de ce premier travail nous a été connu, par exemple, par les intéressants articles sur la paix de Bâle, publiés dans la *Revue Historique*.

Mais Sorel n'a pas fini sa tâche : il reprend ses ciseaux, il coupe, il retranche encore, jusqu'à ce qu'il soit parvenu à ce type de narration allègre et rapide, débarrassée de tout ce qui fait poids sans nécessité, à cette prose sobre, nerveuse et lucide qui est pour lui la forme accomplie. Il n'en admet pas d'autre dans son histoire de l'Europe et de la Révolution. Cette méthode, je l'ai déjà fait entendre, est propre à l'historien : il faut, non seulement qu'il ait en perspective les grands événements, mais qu'il ait vu de près les petits faits qui les accompagnent, qu'il les ait sentis sous sa plume croiser leurs influences, qu'il fixe par le tact et le sentiment, seules mesures admises ici, la part qui revient à chacun d'eux, qu'il les classe, enfin, les uns comme causes subsidiaires assez importantes pour mériter qu'on s'y arrête, d'autres comme dignes d'une simple mention, les autres enfin, comme destinés à sombrer, tandis que l'œuvre s'élèvera. Cette méthode serait décevante pour le philosophe, qu'elle obligerait à perdre ses prises sur les causes premières. Elle est excellente, elle est la seule féconde pour l'historien, forcé de chercher ses causes dans l'immense dédale des événements, de les saisir par l'expérience et par l'hypothèse, de les convertir en lois par l'induction.

L'écrivain est chez lui d'une espèce rare. Un fait digne de remarque est que, en aucune partie de cette longue histoire, on ne peut lui reprocher ou de s'être trop étendu, ou d'avoir abrégé outre mesure. Peut-être est-ce le fruit de cette méthode de composition, qui part du prolixe et du surabondant pour arriver au sobre et au substantiel. Il a toujours devant les yeux la juste mesure à laquelle il tend. Le récit est rapide; lorsqu'il se ralentit, c'est qu'il est question d'une négociation diplomatique que le lecteur doit bien connaître et comprendre avant d'aller plus loin. Ces négociations sont d'ailleurs racontées avec un art admirable. Voyez, par exemple, l'entrevue de Cobenzl et de Bonaparte à Udine, la négociation de M. de Saint-Julien, à Paris, en 1800. On croit entendre les personnages et assister à leur mimique. Ces morceaux achevés rappellent les lettres de Talleyrand, racontant avec un art inimitable les conférences de Vienne, et tous deux, Talleyrand et Sorel, font penser au premier et incomparable modèle en ce genre, le Pascal de la 4e *Provinciale*, avec son doucereux jésuite qui raisonne en serrant discrètement les doigts de son interlocuteur.

Il est un autre mérite de Sorel, qu'une certaine idée que je me suis faite de l'écrivain m'empêche d'apprécier à sa valeur. Je n'aime pas beaucoup les portraits en histoire; j'en demande pardon à Dieu et aux hommes. D'abord, l'habitude de résumer avec art, dans une figure vivante, les traits d'une époque, crée un penchant et un engagement à individualiser les causes historiques, qui ne se laissent pas toujours faire. De plus, j'y trouve presque constamment quelque chose d'artificiel et de compassé, d'apprêté et de convenu, un peu trop d'antithèses, des associations d'épithètes qui se contredisent, enfin, le sentiment à demi avoué d'avoir fait un morceau accompli. Tout bien considéré, je ne les trouve pas moins conventionnels que les admirables discours qui interrompent à temps égaux, dans Xénophon, la retraite de Dix Mille, et dont l'exemple, une fois donné, a été suivi par tous les historiens de l'antiquité. Je retrouverai ce sujet un peu plus loin, à propos de la philosophie de l'histoire ; mais, cette réserve faite au nom de l'écrivain, je ne puis que m'associer à tout ce que l'historien peut dire avec avantage pour les défendre. Il n'a pas tracé simplement pour le plaisir du lecteur les figures de Mirabeau, de Talleyrand, de Hoche, de Danton, de Robespierre. Il y a réuni, il tient en quelque sorte dans sa main, tous les fils par lesquels ces hommes ont imprimé une secousse aux événements et dérangé un moment le cours de l'histoire. Les portraits cessent ainsi d'être des portraits, comme les discours ont cessé d'être des discours : les derniers étaient devenus des pièces diplomatiques, des exposés méthodiques d'une situation, etc. ; les premiers résument et éclairent les faits. On saisit ainsi le général dans le particulier, et l'on comprend mieux toute l'histoire, après avoir lu et médité ces morceaux raffinés de psychologie savante.

Nous sommes arrivés aux confins de la psychologie sociale. Psychologue, Sorel s'oppose à un homme qu'il a, comme nous tous, admiré et aimé, qu'il a pris plus d'une fois pour guide et pour exemple. Le contraste entre eux s'avoue et se marque, même là où leurs opinions s'accordent. Tous deux sont hostiles, au fond, aux grands principes de 89 ou, du moins, ils font leurs réserves. Mais Taine n'a pas été porté par sa nature à les contredire; sa répugnance a quelque chose d'appris et de voulu. C'est de Burke et de Macaulay qu'il tient ses objections contre des axiomes qui se sont montrés presque tout de suite si vains et si impuissants. Il reproduit et prolonge avec une force, une ténacité merveilleuses, le raisonnement de ces maîtres. Ai-je besoin de rappeler ce qu'il dit sur la valeur du « préjugé », sur le fait que ce n'est pas l'homme, mais l'Anglais, ou le Français, ou l'Allemand dont chaque législateur a le devoir de régler les destinées? Mais cela demandait un effort à cet esprit profondément classique. On le vit bien lorsque, parvenu au chapitre où il est question de l'État et de la Commune, et les considérant pour son compte, il ne conçoit pas autre chose que l'État absolu et la Commune idéale. Il pousse le goût de l'unité jusqu'à comparer l'État à une seule machine, au lieu d'y voir une sorte d'usine, où un grand nombre de machines, actionnées par un même arbre de couche, ajoutent, retranchent, contrarient leurs effets. Il pousse le goût de l'abstraction jusqu'à ne traiter que de la Commune en général et non pas de la paroisse anglaise, du bourg allemand, des municipalités italiennes, en un mot, des diverses formes que la Commune a reçues chez les différents peuples. La même contradiction intime s'observe lorsque, porté par ses doctrines vers l'impressionnisme, il se laisse violemment ramener par ses instincts à une conception toute classique de l'art, aux dessous solides, au dessin impeccable.

Tout autre est Sorel : il est conduit, par une pente décidée de sa nature, à contester la valeur pratique de la Déclaration des droits de l'homme. Il la juge trop éloignée de l'application, trop contrariée et traversée par les passions des hommes, pour que son autorité s'établisse d'une manière durable. Lorsqu'une rencontre inévitable se fait entre ces passions et les grands principes, lorsque ceux-ci cèdent un peu de leur rigueur dans une sorte de compromis, il éprouve une intime satisfaction à voir les plus absolus d'entre eux se départir de leur caractère. Ils se mélangent avec la nationalité, ils se subordonnent à l'idée de patrie, ils font les sacrifices nécessaires à l'instinct de conservation de chaque peuple, à l'intérêt social de communauté. Il semble alors à Sorel que tout rentre dans l'ordre, je veux dire dans la vie. Son esthétique naturelle répugnait à ces formules vides. Pour qui va au fond des choses, il y a en effet une esthétique cachée qui est la cause de ce que nous croyons être des nécessités logiques, des préférences scientifiques. Il avait besoin de retrouver ces formules assagies, modérées par la combinaison avec des forces historiques, organisées, cohérentes, avec une réalité ayant forme, couleur et consistance. Même lorsqu'elles sont entraînées vers des éléments plus bas, même lorsqu'elles ne peuvent maintenir que par une évidente fiction leur pureté théorique, on voit bien qu'il pardonne aisément les sophismes par lesquels leurs partisans se couvrent. Il sait gré, en quelque mesure, aux membres du Comité de Salut Public, au moment où il les condamne, d'avoir si bien justifié ses prévisions sur l'intime contradiction de leurs axiomes avec la vie du monde. Il leur accorde, sans se faire prier, le titre d'hommes d'État.

Puisque nous avons commencé à rapprocher Sorel et Taine, il sera intéressant de les comparer tout du long l'un à l'autre et d'affronter leurs deux psychologies. Ils sont psychologues chacun à sa manière, Taine avec les façons absolues d'un philosophe, Sorel avec la mesure et les tempéraments que l'historien apporte dans une œuvre où doivent subsister, sous une règle large et assouplie, la riche confusion des événements, les intéressantes contradictions de la vie. L'un des traits par lesquels ils se caractérisent, chacun dans son rôle, est la croyance qu'ils professent l'un en la liberté de l'homme, l'autre en la fatalité qui le mène. La différence est énorme entre les deux façons de peindre une société, selon que l'écrivain conçoit les actions humaines comme libres et spontanées ou comme déterminées et nécessaires. Taine nous a donné l'illustre exemple d'un parfait déterminisme. Ce déterminisme ne s'applique pas directement à l'individu; il repose sur la loi des grands nombres. Il ne se vérifie que pour une société d'un certain volume : par exemple, on pourra prévoir, pour une ville de deux millions d'âmes, comme Paris, et supputer à une unité près le nombre des suicides qui ont lieu chaque mois, mais on ne peut annoncer ni prévoir le moins du monde le suicide d'un individu, bien que la loi ait dû passer par lui pour produire son résultat. L'individu, bien qu'assujetti étroitement à cette loi, n'agit que par retentissement d'une impulsion éloignée, et cette impulsion, étant éloignée, a eu tout le temps et tout l'espace nécessaires pour se diviser en impulsions partielles, se diversifier et même se contrarier, prendre la physionomie du hasard. Entre toutes ces forces nombreuses et d'aspect contingent qui pèsent sur la volonté de chaque homme, il semble qu'il n'y ait aucune place pour une histoire ayant une suite et un sens déterminés. A la vérité, le raisonnement, qui est compris de tout homme, peut être censé rétablir une sorte d'unité; mais la raison, suivant Taine, n'est qu'une exception, un accident. L'individu est avant tout un composé d'appétits, de passions et d'habitudes. L'homme capable d'abstraction et de syllogisme ne fait que surmonter la nature animale; il affleure à la surface, tandis que tout son être est retenu par mille fibres dans la gangue bestiale d'où il émerge avec peine. Cette conception est en somme pessimiste; elle est aussi très noble à sa manière : elle fait de la vertu une lente conquête, de la raison le produit accumulé de longs efforts, attributs moins de l'homme, qui ne dure qu'un jour, que de la société séculaire qui en a reçu le dépôt, et le transmet de génération en génération.

Sorel a une conception moins arrêtée, moins philosophique de la nature humaine. Il se représente l'homme comme un être libre, soumis à l'accident, partagé entre des motifs particuliers, oscillant entre deux résolutions contraires. Cette liberté est, comme tout à l'heure la multiplicité des causes, une raison de douter, un principe d'incertitude, destructeur, à ce qu'il semble, de toute loi historique. Sorel trouve un premier recours dans la raison, lumière qui éclaire tout homme venant en ce monde. Elle se fait entendre de tous les individus et leur tient le même langage. Elle restaure ainsi l'unité et met une sorte de suite intelligible dans les actions humaines. C'est bien là l'ordre extérieur et probable qui convient à l'historien. Il est parfois troublé par les profondes poussées des forces qui se sont révélées à Taine, mais il se rétablit bien vite et continue sa marche au-dessus des catacombes.

Taine a bien senti la difficulté qu'il y avait à écrire, d'après ses principes, autre chose qu'une philosophie de l'histoire. Il a remarqué d'autre part, dans le tissu enchevêtré des faits, des points formant carrefour, où les directions politiques se croisent et changent perceptiblement de sens, des centres d'où l'action part et rayonne. Ces points et ces centres sont des hommes supérieurs par quelque endroit, tout au moins par l'énergie de leurs passions. Ils représentent en leurs personnes tout un groupe d'hommes, et on peut expliquer par eux toute une époque. Nous retrouvons ici les portraits, qui ne sont pas moins abondants chez Taine que chez Sorel. Mais Taine construit ses « héros » en les destinant à devenir eux-mêmes des causes, c'est-à-dire qu'il n'y laisse subsister que ce qui peut servir à l'action. Il n'y a que des muscles dans ces personnages simplifiés à outrance. Ces muscles sont les qualités maîtresses, seuls matériaux de ces admirables constructions. Celles-ci ne rendent pas la réalité telle qu'elle est : elles nous la donnent déformée jusqu'à devenir sublime, ou estropiée jusqu'à devenir difforme. Mais, si la poésie est plus vraie que l'histoire, on peut bien accorder que ces portraits, tant soit peu infidèles à la vérité historique, touchent de bien près à une vérité plus profonde.

Les portraits de Sorel sont tout autres : c'est qu'il voit ses modèles sous un autre angle. Les hommes qu'il nous dépeint ne sont pas des animaux ou des fauves, lion ou chacal, aigle ou épervier, paon splendide et stupide, — ce sont les noms qui viennent naturellement aux lèvres devant les admirables médaillons de Taine, — ils appartiennent tous au règne humain; ils sont libres; une raison commune les éclaire; ils ne sont pas fermés sur un parti pris, clos à tout un ordre de passions et d'arguments. Presque toute la lyre humaine trouve en eux des échos. Sorel a donc à faire un travail infiniment plus nuancé que son maître. Les traits qui composent ses figures sont infiniment plus nombreux et plus variés. Ils s'opposent l'un à l'autre, ou plutôt, en se rencontrant, ils se mélangent et forment parfois une lente dégradation de teintes. Voilà la justification de ces associations d'épithètes contradictoires qu'il est assez commun de rencontrer dans tous les portraits, et notamment dans ceux de Sorel. Chez Taine, c'est un tableau où un pinceau violent a plaqué de grands pans de couleur unie. Chez Sorel, ce sont des gravures sur acier où les linéaments noirs et fins, les hachures innombrables délimitent et modèlent une figure plus conforme à la réalité.

Enfin, Taine remonte très haut dans l'échelle des causes. Il cherche les puissants ressorts qui font mouvoir une société, non pas dans les tendances historiques et contingentes d'un peuple, mais dans les attributs de la race, antérieurs à l'histoire et s'imposant à elle avec toute leur force. Ces premiers moteurs ne sont pas des idées concrètes : ce sont de simples directions de l'esprit, telles que « l'esprit classique », ou la méthode confirmée et éprouvée par l'immense développement des sciences naturelles. Ils agissent, non pas directement sur les passions des hommes, mais sur leur manière de penser, d'élaborer les idées concrètes d'où les passions tireront leur forme, où elles puiseront leur énergie. Sorel a, en quelque sorte, plus besoin que Taine de ces causes générales et profondes; car, rien chez lui n'étant déterminé, et ses portraits eux-mêmes, par la façon dont ils sont traités, donnant rarement l'idée de causes solides, résistantes et efficaces qui commandent un très grand nombre de faits, l'intérêt et la leçon seraient singulièrement amoindris dans son œuvre, s'il ne trouvait quelque autre moyen de grouper les événements, de leur donner une suite et un sens. Ce moyen, le psychologue historien l'a trouvé : il jette ses personnages dans l'histoire; il les enveloppe ainsi dans un milieu puissant, la nation, dont les aspirations durables, la volonté permanente forment une sorte de fatalité, la même, imposée à chacun de ces personnages. Danton, Robespierre, Napoléon sont perdus dans cette multitude qu'ils coudoient, dans ce peuple qui arrive du fond de l'histoire avec ses instincts solidifiés. Ces instincts, Sorel ne les recherche pas dans les replis les plus cachés de l'intelligence, à la hauteur où s'est formé l'esprit classique et dégagée la méthode des sciences naturelles. Il veut que la chair et le sang y soient mêlés, qu'ils soient faits d'aspirations vivantes, d'ambitions concrètes, de désirs communs et non concertés : ce sera le besoin d'indépendance des différentes nations, de lois qui répondent à leurs instincts et à leur caractère, d'arrangements politiques destinés à les garder maîtresses d'elles-mêmes, ou peut-être à les rendre, jusqu'à un certain point, maîtresses des autres. Ce sont là les véritables causes auxquelles remonte l'esprit de Sorel : ce sont les dernières; car, de propos délibéré, il ne remonte pas au delà. Ces causes sont très générales et, en conséquence, elles agissent à la façon d'une fatalité, bien qu'elles soient au fond purement contingentes. Elles agissent surtout sur l'homme d'État, qui est tenu de rallier, pour réussir, toutes les grandes forces qu'il voit ou sent obscurément dans la société. Elles exercent sur lui une influence secrète, parce qu'elles se confondent, dès le principe, avec ses raisons instinctives et ses motifs personnels; elles sont publiques sans être banales. La préoccupation des limites naturelles, forme traditionnelle d'un désir et d'une idée fixe du peuple français, transmise de génération en génération, a ainsi dominé, dompté, poussé en avant même cet être si singulier, si imperméable aux influences, seul de son espèce et capable de puiser en lui-même des motifs originaux d'action, qu'on appelle Napoléon. Ainsi se trouve rétablie, dans une région moyenne, cette sorte de nécessité qui régularise, sans les enchaîner, les actions humaines et donne un sens à l'histoire.

C'est une belle et magistrale tenue d'esprit que celle de Sorel. Il ne lui manque pas toutefois cette dose de détachement et de scepticisme, nécessaire à un auteur pour se séparer de son œuvre et en devenir lui-même le critique. Je me rappelle un passage où, considérant la position de l'historien vis-à-vis de l'histoire, il reconnaît la nécessité de se découper une tâche à la mesure de ses forces. Cette tâche embrassera, je suppose, un siècle, et, avec les antécédents, qui sont les causes les plus prochaines, et les conséquents, qui sont les effets les plus immédiats, peut-être un siècle et demi ou deux siècles. Durant cette période, des moments de crise se distinguent d'eux-mêmes, séparés par des intervalles de repos. Qui ne voit, disait en substance Sorel, que cet ordre et cette succession des époques critiques n'ont rien d'absolu? Si, en effet, l'observation de l'historien pouvait s'étendre à quatre siècles en avant de nous, et ses forces suffire à un tel travail, il est évident que de grands faits jusque-là ignorés, qui se seraient développés avec le cours du temps, altèreraient d'une manière sensible l'équilibre des événements dans la période précédente, qu'ils feraient monter au rang de causes, par l'énormité des effets constatés, des particularités jusque-là négligeables, tandis que d'autres événements pourraient passer au second ou au troisième plan, ou même s'effacer par la disparition de leurs conséquences. Par exemple, les progrès, déjà consommés ou à prévoir, d'une grande démocratie ouvrière, en France et dans les autres pays, ne donnent-ils pas une valeur d'étape à des faits tels que la Commune de Paris en 1871, l'Internationale sous l'Empire, la crise presque européenne de 1848, et même la crise ouvrière de Lyon en 1831, toutes choses que l'historien du lendemain de ces événements traitait comme des cas accidentels de désorganisation sociale et d'aberration politique? De même, un homme de grand talent n'a-t-il pas pu raconter en détail, avec un certain sentiment du pathétique des événements et de la grandeur des hommes, les insipides querelles engagées de 1840 à 1848 à propos de la formation de chaque cabinet, l'infinitésimale affaire Pritchard et la microscopique négociation des mariages espagnols, toutes choses qui, n'ayant pas eu de conséquences, ont à peu près perdu leur intérêt, et devraient, dans tous les cas, être fort abrégées. A la vérité, Sorel, par le choix de son sujet, se trouve avoir eu affaire à des événements encore jeunes, encore gros de conséquences, qui ne s'épuiseront peut-être pas avant un siècle. Son livre a donc devant lui de longues destinées, mais il paie néanmoins tribut à la caducité générale des œuvres historiques, et c'est une marque de supériorité, chez l'auteur de ce beau et émouvant travail, de l'avoir reconnu. Je l'entendais dire, il y a quelques jours, ce mot touchant, presque un mot d'ancêtre : parlant des auteurs qui l'avaient suivi dans la voie en publiant des études sur la diplomatie française au XIXe siècle, il leur faisait un mérite d'avoir, en général, rattaché leur récit au grand fait qui s'est produit presque sous nos yeux, le développement colonial. « Ils ont rajeuni l'histoire », me disait-il. C'était bien là encore le sentiment des changements profonds qui rendent les bases instables et flottantes sous un édifice à peine terminé ; mais, dans cette âme généreuse, ce sentiment tournait au jugement large et bienveillant.

Nous touchons ici à un autre personnage, c'est le patriote. L'historien, nous l'avons fait entendre, doit être sans amour et sans colère. Faut-il comprendre par là qu'il soit sans patrie, qu'il n'ait pas les sentiments d'un fils envers un pays auquel il reste attaché malgré ses fautes? Les adversaires des vieux principes, ceux du moins qui n'ont pas assisté à l'invasion de leur territoire, tiennent pour l'indifférence. La division de l'Europe, disent-ils, en France, Italie, Prusse, Autriche, n'est-elle pas, pour la plupart des sujets actuels de ces puissances, une œuvre d'hier, résultat contingent de circonstances aux trois quarts forfuites? Est-il possible de fonder, sur ces bases récentes et encore mal assises, un sentiment durable, une obligation hors de pair, qui s'impose à l'homme par la vertu d'un caractère sacré? Sorel, nous l'avons déjà dit, n'a jamais été très sensible aux rêveries de nos humanitaires. Il voit la France telle qu'elle a été faite par des siècles d'histoire. Il ne remonte guère au delà de cinq ou six cents ans. Il reçoit sa patrie telle qu'elle sort de ce long passé. Il compte tous les éléments qui se sont amassés pour la constituer. Au relief du sol sont venus se joindre la langue, la littérature, la vie publique commune, le souvenir des défaites ou des victoires qui ont retenti dans le cœur des peuples. Il ne suit pas, même des yeux, ceux qui cherchent, derrière ces événements, les causes plus générales, qu'ils établissent à force d'hypothèses, dans la disette des faits. Il a, je l'ai déjà dit, une esthétique particulière, qui n'est satisfaite que là où il voit des forces vivantes, organisées, en lutte les unes contre les autres. Les forces plus abstraites qu'il trouverait plus loin et plus à fond, les causes d'ordre philosophique qui ont créé ces organisations, le laissent froid. Ainsi, dans la recherche des origines, il ne dépasse guère le point où il rencontre des aspirations collectives, traduites au besoin par une noble légende, des traditions déjà nées, des libertés et des droits auxquels s'attachent obstinément les cœurs naïfs des peuples. Toutes ces richesses, ce trésor transmis de génération en génération, sont pour lui l'objet, sinon d'un culte, du moins d'une sorte de piété. Il entend les défendre avec toute son énergie. Il ne donne point dans les rêveries pacifiques et matérialistes de l'École de Manchester. Il ne conçoit pas que l'homme qui veut avant tout produire pour s'enrichir doive nécessairement rester en paix avec ses voisins. Ainsi, la nature l'a fait ce que les gens qui se sont à peu de frais déniaisés appellent vieux jeu. Elle ne le laisse pas se complaire et se perdre dans les visions béates d'un avenir imaginaire. Elle l'attache, dans le présent, à l'héritage du passé. Il aime la France et son idiome, l'armée et son drapeau, les représentants de l'idée nationale : quiconque mène l'attaque contre ces choses saintes le trouvera sévère.

Le patriotisme de Sorel s'insinue jusque dans les régions de l'esprit où s'élabore la science, où se fixe le sens de l'histoire. Je l'entendais un jour, vers la huitième ou neuvième année de son cours, se plaindre de ce que ses élèves écoutaient, sans marquer ni indignation ni même une émotion bien due à cette pathétique histoire, le récit des partages de la Pologne. Il s'étonnait que des Français, récemment éprouvés par la perte de l'Alsace-Lorraine, ne sentissent pas, en quelque sorte dans leur plaie ouverte, le retentissement douloureux de ce crime d'État. Peut-être, sous cette impassibilité, se cachait-il une répugnance pour les manifestations inconsidérées qui avaient si mal réussi à leurs pères. Instruits par le malheur, ils se renfermaient, se raidissaient dans une réserve prudente, dans une sorte de pudeur raisonnée. Ils ont montré depuis que cette indifférence n'était qu'apparente.

Reste le professeur. Toutes les qualités d'un maître de la parole et de l'enseignement se trouvaient réunies dans Sorel. Il avait une autorité naturelle, attribut de ceux qui ont fréquenté les sources et dépouillé les documents eux-mêmes. Sa forme, avec le temps, était devenue très concise; elle était pleine de sens et attachante dans sa brièveté. Avec cela, infiniment d'esprit, d'à-propos et d'inattendu, une ironie incisive, tempérée par la belle humeur. La voix donnait du prix à chacune de ses paroles; elle faisait passer des tons d'une variété infinie sur un fond toujours égal, riche et timbré.

Sorel, je n'hésite pas à le dire, n'a pas exercé, et ne s'est pas d'ailleurs proposé d'exercer sur le public, une influence comparable à celle de Taine. Il n'a pas renouvelé en partie les bases de la science. Placé en face d'un auditoire de jeunes hommes, il a senti qu'il avait charge d'âmes; il parlait d'eux en pédagogue. Ce qui lui importait, au fond, c'est qu'ils sortissent de son cours meilleurs et plus éclairés. Le profit de ses leçons a été surtout moral. Les élèves soumis à sa puissante influence quittaient les bancs de l'École avec plus de sérieux et d'honnêteté à l'égard des textes, plus de largeur dans l'appréciation des événements, plus d'indulgence à l'égard des hommes; ils emportaient dans la vie un patriotisme plus enraciné, un refus d'accepter ou de ratifier dans leurs consciences certaines conséquences du fait accompli. Mais si ses auditeurs ont beaucoup gagné à l'entendre, il a gagné, lui aussi, quelque chose à leur contact. Ç'a été une fortune pour Sorel de commencer ensemble son enseignement et son livre, de les poursuivre en quelque sorte parallèlement pendant près de trente ans. C'est un cas fort rare qu'un homme ait l'occasion d'éprouver par la parole publique et d'essayer sur un auditoire les différentes parties d'une œuvre qu'il rédigera ensuite à loisir. Il a trouvé là le secret d'une longue persévérance, d'une méditation indéfiniment reprise, d'un travail régulier et assidu. Ses auditeurs lui ont fourni un aperçu de l'esprit qui était en voie de formation, un raccourci de l'opinion qui allait devenir dominante. Il a heurté ses théories à des préjugés qui étaient ceux de l'avenir. Il a rencontré là des tendances nouvelles, des fins élevées, de naturels besoins d'expansion, qui refusaient de se laisser réengager purement et simplement dans notre passé à nous, passé de défaite ou de revanche, et qui tentaient des voies inconnues. Aussi ce livre est-il écrit de façon à ne pas vieillir vite. Tout en gardant entière la passion contenue des hommes qui ont vu l'Année Terrible, il a pris quelque chose des sentiments de ses jeunes et vivaces auditeurs. On sent qu'il leur répond, qu'il leur cède parfois, qu'il tient compte de leur résistance. Il les ramène aussi ; car personne n'a eu plus que lui le sentiment de sa maîtrise et de sa responsabilité. En somme, le livre de Sorel n'y a rien perdu ; il y a gagné des tempéraments nécessaires. Tout cela a contribué à donner à cette œuvre un caractère qui manque aux œuvres de cabinet, construites par la seule réflexion, élaborées sous un angle de 45° et non pas, comme celle-ci, à la clarté du plein air. Cette collaboration d'un auditoire qui change d'année en année a été, pour Sorel, une circonstance favorable et décisive. Il a dû certainement à la jeunesse qui l'entourait, vivante, entreprenante, hardie, cette absence de doute, de découragement et de pessimisme qui est l'un des plus nobles et des plus constants attributs de son ouvrage.

J'ai fait un portrait, Dieu me pardonne... Mais non, j'ai seulement mis bout à bout les éléments qu'un long voisinage, une libre communauté de pensée et de travail m'avaient permis de recueillir. Le vrai portrait, c'est celui que vient de modeler l'art incomparable d'un Chaplain. J'ai du moins écrit ces lignes avec l'émotion d'un cœur qui aurait voulu être plus libre de s'épancher, avec la préoccupation d'être juste qui hante toute conscience droite, avec le plaisir de pouvoir être sincère à l'égard du penseur, de l'écrivain et du patriote qui, se détachant et s'éloignant plus que moi du grand semeur d'idées et façonneur d'hommes qu'était Taine, nous a fait voir en pleine indépendance l'un des types achevés du grand historien.

NOTICE SUR LA VIE

ET LES TRAVAUX

DE M. BARDOUX

NOTICE SUR LA VIE

ET LES TRAVAUX

DE M. BARDOUX[1]

MESSIEURS,

Une notice académique ne doit, à ce qu'il paraît, contenir que des éloges. Toute critique, même la plus légère, y serait déplacée. Il est quelquefois permis de laisser voir un défaut, mais seulement quand on est sûr qu'on pourra sans effort le tourner en qualité et le faire servir à la louange du mort. Cette façon de concevoir les notices a plus d'un effet fâcheux : le premier est que le public, agacé, prend pour lui le rôle du critique, et s'y complaît d'autant plus que le panégyriste a été plus constant dans l'éloge. Le second est que la notice, après avoir été cou-

1. Lue dans les séances du 21 janvier et du 1er février 1902 de l'Académie des Sciences morales et politiques.

verte d'applaudissements dans cette enceinte, tombe rapidement dans l'oubli : on ne la relit jamais. Qui aurait l'idée d'aller rechercher, dans un morceau de ce genre, l'impression vraie qu'on tient à garder de tout homme réellement supérieur? Il est trop clair qu'on n'y trouvera qu'un jugement rendu incomplet par des réticences, ou faussé par la rhétorique admise en ces sortes de sujets. D'ailleurs, ce genre littéraire est aujourd'hui suranné; il date d'une époque où tout ce qui avait une valeur esthétique se tenait aussi loin que possible de la réalité. C'était le temps de l'Oraison funèbre, du Poème épique, de la Tragédie, de la Pastorale, etc. Notre démocratie n'aime et ne goûte que la vérité toute simple : elle veut comprendre ce qu'on lui dit. Or, tout se tient dans l'homme : telle qualité, chez un individu, serait inexplicable sans une insuffisance correspondante. Les insuffisances sont donc aussi importantes à noter que les qualités dont elles donnent la clé. Pourquoi tairais-je, par exemple, que Bardoux, qui avait toutes les qualités de l'improvisateur et du journaliste, n'était point un écrivain de race? N'est-ce point dire, sous une autre forme, qu'il était avant tout un orateur, qu'il restait un orateur même en écrivant? L'Académie m'absoudra donc, j'en suis sûr, d'avoir usé, dans cette étude, de plus de liberté qu'elle n'est habituée à en rencontrer dans ce genre de travaux. Je trouve, de plus, une exhortation à parler sans réticence dans le noble caractère même de notre confrère et ami, si loyal et si simple, si passionné pour la vérité du témoignage. Bardoux, tel que nous l'avons connu, ne perdra rien à être traité sans complaisance : il ne peut qu'y gagner.

La famille de Bardoux était originaire du département de l'Allier. C'étaient moitié des paysans cultivateurs, laborieux et tenaces, moitié des gens de petite robe, acharnés tout le jour sur leurs dossiers. Bardoux avait subi l'influence de ce double atavisme. Un homme d'esprit, qui avait connu et beaucoup aimé Bardoux, disait plaisamment que les deux syllabes qui composent son nom répondaient merveilleusement à ses deux qualités maîtresses : *Bar*, avec son A qui s'écrase sous la rude consonnance de l'R, n'est-ce pas le bruit du marteau sur l'enclume, de la bêche qui rencontre un caillou dans le sillon? N'est-ce pas aussi l'image du travail quotidien et opiniâtre, du labeur âpre et dur, dont Bardoux n'a pas cessé de donner l'exemple, jusque dans les années les plus fortunées de sa vie? *Doux*, avec sa sonorité sourde et tendre, n'est-ce pas l'image de cette bonté, de cette sympathie toujours prêtes à s'émouvoir, de cette suavité caressante de la forme, de ce je ne sais quoi de velouté, dont Bardoux enveloppait ses plus simples témoignages d'affection? L'examen des faits va d'ailleurs confirmer le jugement contenu dans cet horoscope.

Une des branches de la famille s'était transportée à Bourges. C'est là que Bardoux naquit, en mai 1830. Son père, modeste fonctionnaire de l'administration des finances, resta dans cette carrière jusqu'à l'âge de la retraite et rejoignit alors sa femme à Clermont, où elle s'était transportée pour surveiller l'éducation de son fils. Mme Bardoux était une femme lettrée. Elle aimait à lire tout haut, le soir, les chefs-d'œuvre de notre littérature classique. Bardoux apprit, grâce à elle, à connaître et à goûter nos vieux maîtres dans le texte et non pas dans un livre de morceaux choisis. Il contracta là des habitudes de facile enthousiasme que les années ne purent faire disparaître. Il s'excusait ingénument de trop admirer certains passages de nos grands auteurs en disant : « Que voulez-vous? Je crois toujours les entendre avec l'accent et le charme de la voix maternelle ». — Il fut constamment le premier dans sa classe, tout le temps qu'il resta au collège. Je ne trouve à signaler sur cette période de sa vie que la protection tendre dont il entoura un frère infirme, particulièrement exposé aux plaisanteries méchantes de ses camarades. L'enfant donnait déjà des signes de cette générosité qui devait être plus tard un des traits de son caractère.

Connaissant la vie, Mme Bardoux tint à ce que son fils en fît l'expérience le plus tard possible : elle le garda longtemps auprès d'elle. Lorsqu'il partit pour Paris, elle ne manqua pas de lui adjoindre un mentor muni des recommandations les plus sévères. Bardoux connut ainsi, longtemps avant de le matérialiser, le sentiment qui attire l'un des sexes vers l'autre. Il se complut dans les chastes et fortes expressions qu'en donnent les poètes, et il resta particulièrement préparé à comprendre la spiritualité, l'espèce d'innocence que les femmes apportent dans l'amour. Mme de Beaumont n'a pas seulement trouvé en lui un peintre et un poète ému, c'est par instant un hagiographe racontant avec dévotion et ferveur les miracles, les extases et la passion d'une sainte Pauline. De cette première période de sa vie date un volume : *Loin du Monde*, publié sous le pseudonyme d'Agénor Brady. Il y a là quelques vers d'une bonne facture, mais qui ne dépassent pas ce qu'on peut attendre des essais d'un jeune homme en ce genre.

A Paris, Bardoux ne disposait que de ressources modiques, qui ne lui permettaient guère de fréquenter le grand monde. Sa vive intelligence, sa bonne grâce et la douceur de ses manières lui conquirent toutefois de fidèles amitiés : il connut alors Flaubert, et noua avec Bouilhet des relations qui durèrent jusqu'à la mort du poète; il se lia aussi avec Émile Ollivier, Gambetta, Ferry. Jeune et croyant, il n'avait pas à se défendre contre les séductions de l'Empire, qui s'adressaient surtout aux découragés et aux sceptiques. Il avait plus de peine à se garder contre les ouvertures et même les avances de l'orléanisme. Sa mère, grande admiratrice de Guizot, était restée fidèle au régime de 1830. Elle aurait fort aimé que son fils devînt, à Clermont, le chef et le porte-parole de ce parti. Son influence s'exerça dans ce sens aussitôt après le retour de Bardoux à Clermont. L'*Indépendant du Centre* fut fondé par un groupe d'orléanistes et de républicains qui trouvaient superflu de déclarer par avance quel parti ils suivraient après la victoire. Bardoux collabora activement à ce journal. Mais la politique n'était pas alors la seule maîtresse de son esprit mobile; elle l'attirait moins que la littérature et l'érudition. C'est ainsi qu'il publia, pendant les dernières années de l'Empire, un article sur le cartulaire de Brioude, d'autres articles sur la Réforme, d'autres encore sur les Légistes du moyen âge. Ceux-ci n'étaient que l'amorce du livre qu'il devait achever plus tard, et par lequel commencèrent ses succès d'écrivain. Entre temps il plaidait, non sans quelque éclat : il défendit l'*Indépendant du Centre*, qui avait parlé avec éloge du représentant Baudin, mort sur les barricades en 1851.

Un événement inattendu changea et fixa les destinées de Bardoux : Me Mège, l'avocat le plus occupé de Clermont, ayant été nommé membre du Corps législatif, lui laissa en partant sa clientèle. Bardoux se trouva alors en possession d'un cabinet important; il plaida avec maîtrise dans plusieurs grandes affaires, et la corporation le choisit comme bâtonnier.

Nommé en 1870 maire de Clermont, il eut à administrer cette ville pendant la période douloureuse qui porte le nom de l'Année Terrible. Ceux qui survivent encore, parmi ses contemporains, se rappellent avec émotion un trait qui lui fit grand honneur : des soldats allemands avaient été pris et amenés à Clermont. Parmi eux se trouvait, dit-on, le fils de Bismarck. La foule s'ameuta, se porta vers le lieu où étaient détenus les prisonniers, et tenta de pénétrer jusqu'à eux. Bardoux, prévenu en grande hâte, réunit quelques gardes nationaux et se dirigea vers l'endroit où l'on s'attendait à quelque abus de la force. Il avait l'autorité nécessaire pour se faire écouter; il prit la parole, et, sans aucune préparation, dit tout ce que lui suggérèrent son cœur et sa conscience d'honnête homme. C'en fut assez pour changer l'âme de cette multitude ; elle se dispersa. « C'est, m'a dit l'un des témoins de cette scène, une des occasions où j'ai vu Bardoux s'élever jusqu'à la grande éloquence. »

Presque immédiatement après, au mois de février 1871, Bardoux fut nommé membre de l'Assemblée nationale. Cette Assemblée comprenait à peu près tous les hommes de cœur et de talent qui avaient été écartés par l'Empire, ou qui s'étaient tenus volontairement éloignés des affaires publiques pendant plus de vingt ans. Les bonapartistes s'étaient prudemment abstenus : l'Assemblée n'en comptait qu'un nombre infime. Les républicains connus, les seuls qui eussent pu grouper les voix autour de leur nom, étaient en petit nombre. Le pays, qui voulait avant tout des hommes nouveaux, fut réduit à les chercher dans les vieilles familles locales. Les anciens partis orléaniste et surtout légitimiste formèrent la majorité de l'Assemblée. On ne leur demanda, d'ailleurs, aucun engagement. On ne s'informa point s'ils appuieraient l'une ou l'autre des deux restaurations possibles. On n'ignorait pas qu'ils aimaient ardemment la France, qu'ils l'aimaient plus que leur parti : c'est tout ce qu'on avait besoin de savoir. Les députés étaient donc libres, plus libres qu'ils ne l'ont jamais été, de se considérer comme les représentants de la nation. Ils regardaient les gens qui les avaient élus moins comme leurs commettants que comme des intermédiaires entre eux et le pays tout entier.

L'Assemblée qui fut appelée à siéger de 1871 à 1875 fut la plus grande et la plus digne de mémoire qu'il y ait eu dans notre pays depuis 1789. Si elle ne se dégagea pas complètement des intérêts de parti, elle s'éleva constamment au-dessus de la bassesse de l'intérêt local. Tout était à refaire alors : la Constitution et les lois. Il fallait libérer le territoire, réorganiser l'administration, lui imprimer un nouvel esprit. Que dis-je! La France avait, en quelque sorte, perdu son âme : la Commune de Paris, les tendances à une sécession qui s'étaient produites dans le Midi, avaient fait voir la capitale et certaines provinces toutes prêtes à s'isoler, à se séparer du reste.

L'Assemblée conçut un grand nombre de mesures sages et réparatrices. Composée, en majorité, d'hommes qui passeraient aujourd'hui pour des réactionnaires, elle ne considéra jamais dans ses délibérations que la justice, la liberté et le bien public. Le législateur de cette grande époque ne fut même pas étranger à cet optimisme révolutionnaire qui respire dans les principes de 1789. Il fit un large crédit au peuple, et, par une illusion qui se trouva finalement être un bien, il espéra de la spontanéité populaire plus qu'il n'y avait à en attendre.

Bardoux se trouvait admirablement à l'aise dans une Assemblée dont il partageait toutes les passions généreuses, et l'Assemblée, de son côté, était disposée à accueillir avec faveur un homme laborieux, capable et résolu. Ce fut l'époque la plus brillante, et l'on peut ajouter la plus heureuse, de sa vie. Ce fut aussi la mieux remplie : plein d'ardeur et de ténacité, il est toujours prêt à accepter les travaux qu'on lui demande d'entreprendre. Son aide est acquise d'avance à tous ceux de ses collègues qui veulent avoir ses conseils et l'autorité de sa parole dans la discussion. On rencontre son nom dans un nombre considérable de projets de lois. Il est constamment à la tribune pour les expliquer et les défendre. A tout propos, il fait des observations où se montrent la promptitude et la sagacité de son esprit. Ses vues sont toujours précises; elles sont toujours larges et généreuses.

En 1875, la loi électorale fut changée et le scrutin d'arrondissement établi. Bardoux fut, de nouveau, élu député de Clermont. L'Assemblée nationale avait dû se découronner elle-même en envoyant siéger au Sénat soixante-quinze de ses membres. Toutefois, son esprit lui survivait encore dans la Chambre nouvellement élue. Celle-ci se fit honneur en appelant Bardoux au ministère de l'Instruction publique. Il ne resta en fonction qu'une année (1878) et fut l'inspirateur de l'activité féconde qui signala cette période. Il tomba du pouvoir dans les premiers mois de 1879. Déjà les électeurs se laissaient ressaisir par les politiciens. La petite section du pays qu'il représentait commençait à se montrer mécontente d'une politique qui ne considérait jamais que le bien du pays tout entier. Elle entendait que désormais son mandataire lui appartînt, qu'il fût, avant tout, le procureur chargé de faire prévaloir ses intérêts particuliers. Bardoux ne fut pas réélu en 1880.

Il rentra sans murmurer dans la vie privée. Il avait toujours eu le goût et le culte des lettres. Il entreprit immédiatement un assez grand nombre de travaux, surtout biographiques, qu'il n'abandonna pas lorsqu'il fut réélu sénateur. Il mena donc de front la double activité de l'écrivain et du législateur. Au début de sa carrière, il s'était fait remarquer par un ouvrage qui aurait mérité de faire plus de bruit à son heure : *Les Légistes et leur influence sur la société française*. Un second ouvrage, qui a moins d'intérêt que le titre n'en faisait prévoir, est la vie de M. de Montlosier. Mais l'œuvre qui marque une date dans la vie de Bardoux est l'étude de Mme de Beaumont. A partir de là se succèdent ces trois livres, pleins d'une sensibilité délicate, d'un attendrissement discret, où la touche est à la fois émue et craintive : ce sont, avec Mme de Beaumont, les ouvrages sur Mme de Custine et Mme de Duras. Bardoux avait ainsi fait le tour du cœur de

Chateaubriand; il le prend lui-même pour sujet, dans un livre qui est très habilement composé, et qui, sans donner une idée complète de l'homme, met admirablement au courant de ses œuvres littéraires. Il faut citer encore, après les deux volumes sur La Fayette, l'étude où Bardoux a mis le plus profond et le plus intime de sa pensée sur la société politique, je veux dire la *Bourgeoisie française.* Il en termine l'histoire en 1848, en glorifiant la personne de Guizot, qu'il devait reprendre un peu plus tard dans un opuscule de 200 pages. C'est un des bons spécimens de ces biographies intelligentes et succinctes qui forment la collection Jusserand.

C'est en 1881 que Bardoux avait été nommé sénateur inamovible : c'est l'une des dernières fois que le Sénat usait d'un privilège qui devait bientôt lui être retiré. Il apportait à la haute Assemblée un précieux concours, qui ne tarda pas à se faire sentir. Esprit laborieux, cœur ouvert à tous les enthousiasmes, il n'était pas de besogne si ingrate qu'il crût pouvoir décliner. Il n'y avait pas de question intéressant la dignité du pays que sa générosité naturelle n'allât chercher pour en dire son mot. Il n'y avait pas de sujet si voilé par les intérêts et les égoïsmes qu'il ne sentît le besoin d'éclaircir et d'illustrer par la vérité courageusement dite. Il intervint dans presque toutes les discussions que soulevèrent les questions d'enseignement supérieur, notamment celle des Universités, et son rapport sur les Octrois est resté un modèle par la connaissance approfondie du sujet, le grand nombre des points de vue, la force de l'argumentation. Il avait été nommé en 1890 membre de l'Académie des Sciences morales : il n'y avait que des amis. C'était un charme de le rencontrer là, bienveillant et souriant, abondant en bonnes paroles qui partaient du cœur. Sa voix chaude et vibrante, l'expression si fine et si distinguée de sa bouche répandaient une grâce sur tout ce qu'il disait. Il fut pris, en 1896, par une de ces maladies qui ne pardonnent pas. Après une accalmie passagère, le mal revint avec plus de force. Il succomba en novembre 1897. On peut dire, avec une vérité parfaite, que personne n'a jamais emporté des regrets plus sentis et plus unanimes.

Je voudrais étudier dans Bardoux l'homme

politique, qui comprend le député et le ministre, l'écrivain, qui comprend le lettré et le dilettante, enfin, l'homme lui-même, considéré dans son esprit et dans son caractère, ressorts cachés qui l'ont rendu apte à soutenir les deux premiers personnages.

Comme homme politique, il s'est fait remarquer par la belle unité de sa vie. Jamais il n'a sacrifié à un intérêt de parti la plus petite parcelle de ses opinions, et pourtant ses convictions de *juste milieu* étaient de celles qui se prêtent le plus aisément à ces sortes de compromis. Il est resté constamment fidèle à lui-même. Il se faisait remarquer, de plus, par une loyauté, un désintéressement, une abnégation dont il n'avait pas l'air de se douter. Ses amis, — y a-t-il des amis en politique? — lui demandaient souvent des conseils sur un parti d'où dépendait leur fortune ministérielle. Bardoux les donnait de bonne foi, sans s'inquiéter des conséquences, sans compter les rivaux que sa bonne grâce aidait à se dresser ainsi sur son chemin. Chez un homme aussi peu préoccupé de lui-même, le droit sens avait gardé toute sa rigidité, toute son acuité. Il avait le sentiment fin et complet des situations. Il était consulté par tous ses collègues comme un homme d'un jugement sûr, d'un discernement éprouvé, qu'il fallait consulter surtout dans les conjonctures difficiles. On attendait, on voyait arriver avec une sorte de joie cet homme de bon conseil, et on lui laissait le soin d'indiquer le parti à prendre. Tout au plus peut-on lui reprocher d'avoir eu trop de confiance dans le bon sens délié dont il était doué. Peut-être, au delà de ce bon sens, y avait-il d'autres manières de raisonner qui n'étaient desservies que par leur nouveauté même, et qui devaient plus tard devenir, elles aussi, le bon sens des générations suivantes. Mais c'est là une critique de philosophe désabusé, qui ne comprend pas le rôle de l'homme d'État, enfermé dans le présent et borné par un avenir très court. Bardoux a eu ainsi l'honneur de résoudre, sans qu'on en sût rien, quelques-unes des crises les plus difficiles de son temps. Quoi qu'il en soit, quand on considère toute cette longue carrière, on est frappé du caractère de constance et d'unité qu'elle présente. On s'incline devant ce tribunal élevé, impartial, dont la jurisprudence est si ferme, et l'on admire le poids avec lequel les arrêts en descendent, expressions diverses d'une même conception de la vie politique.

C'est surtout comme député que j'aime à me le figurer. Il se fit très vite la réputation d'un excellent orateur d'affaires. Il avait une rare capacité de travail, une promptitude d'esprit singulière, l'art de se rendre maître rapidement de chaque question, et d'y être à l'aise. La variété des sujets qu'il aborde est presque infinie : marine, armée, instruction publique, beaux-arts, administration générale ou locale, droit civil, droit commercial, législation ouvrière, tout lui est également familier; et je n'ai point parlé encore de la haute politique, des affaires où le discernement de l'homme d'État est plus nécessaire que la compétence de l'homme pratique.

La structure de ses discours est invariablement la même. Son procédé consiste à diviser largement le sujet, sans en détruire les grandes lignes. Il marque exactement le caractère de chaque division : la première, dont il prend congé très vite, lui aura servi à débarrasser le terrain; une autre a pour objet de réfuter les critiques qui lui sont opposées; il insiste enfin, avant de conclure, sur les mérites positifs de la proposition dont il est l'auteur. Dans cet ensemble si riche, la simplicité, la clarté, la sobriété et la brièveté sont également à louer. J'ai lu beaucoup de discours de Bardoux, je n'en ai rencontré aucun où les divisions s'enchevêtrent, où l'orateur s'embarrasse dans les distinctions qu'il a lui-même tracées. Il domine constamment son sujet. Nulle recherche de l'expression rare, du mot à effet; jamais de bavure : la sévérité technique de la discussion reste entière. On peut dire, et ce n'est pas un mince éloge, que non seulement chaque alinéa, mais chaque phrase de l'orateur, laissait une vue nouvelle du sujet, et une nouvelle raison d'en décider, dans l'esprit de l'auditeur. Je citerai comme exemple le débat sur les risques industriels où, dans une loi dont il était rapporteur, il tint tête à la fois à des adversaires de droite et de gauche avec une entière possession de lui-même et de son sujet, une logique pressante, une courtoisie qui ne se démentit pas une seule fois, car c'est encore un des traits de cette éloquence, qu'elle ne cède jamais à un mouvement d'humeur, et qu'elle garde, en toute circonstance, le ton et les façons d'une politesse accomplie. En ces discours, tout faits de muscles et de nerfs, de faits et d'idées, il n'y a point de place pour l'enflure oratoire. Tout au plus, et fort discrètement, l'émotion gagne-t-elle l'orateur vers la fin ; elle s'échappe alors en quelques phrases moins précises, plus amples et plus redondantes, dont les plis, retombant parfois sur quelques menues incorrections de forme, les cachent au public, comme ils les ont cachées à l'auteur lui-même.

Cette analyse des discours de Bardoux ne serait pas complète s'il y manquait le trait qui relève cette parole si précise, et la grandit jusqu'à l'éloquence. Bardoux avait démêlé de bonne heure les avantages et les défauts qui sont propres à la démocratie, et qui prévalent avec elle dans toutes nos sociétés modernes. La démocratie ouvre les esprits à une notion plus impérieuse de la justice ; elle fait pénétrer dans les institutions plus d'humanité, de solidarité, de vraie fraternité. D'un autre côté, elle est essentiellement illibérale. Il faut à la majorité d'un peuple un grand effort de sagesse et de retenue pour supposer que la minorité puisse avoir raison contre elle. Elle sent qu'elle a le nombre, la masse et la puissance. Elle a des flatteurs qui lui persuadent d'user de tous ces avantages. Elle s'attribue de bonne foi le droit d'étouffer ce peu de voix qui protestent. Ajoutez que la liberté, du moment qu'on la laisse agir sans lui assigner de bornes, engendre naturellement l'inégalité, c'est-à-dire l'aristocratie. Des élites se forment, grossissent, se perpétuent de génération en génération, accumulent entre leurs mains les moyens d'action et d'empire. Si la majorité n'annule pas artificiellement ces avantages, ou ne fait pas des lois pour les empêcher de naître, ils prendront corps et consistance, et la société deviendra, avec le temps, oligarchique. Les minorités qui tendent à acquérir un privilège de fait sont, à l'égard de la grande masse, dans la même condition que les Juifs de l'ancien régime vis-à-vis de la royauté. Il fallait que le prince fît rendre gorge, de temps à autre, aux traitants israélites. Pareillement, la démocratie incline plus ou moins à poursuivre l'homme qui possède, l'homme qui sait, l'homme qui croit, afin qu'aucune force capable d'exercer quelque empire n'existe en dehors d'elle-même, ni la propriété, ni la science, ni la foi. Bardoux entreprit de s'opposer de tout son pouvoir à ces tendances et à la tyrannie qu'elles suggèrent; il ne manqua jamais une occasion de réclamer la liberté pour tous, ce qui, dans sa bouche, signifiait surtout la liberté des autres, la liberté de ses adversaires. Sa nature généreuse le rendait hostile à toute loi qui, pour des raisons de salut public, ou même simplement pour le bien de l'État, obligeait les gens à se contraindre, à s'abstenir ou à se taire. Républicain, il défendit les rejetons de notre race de rois contre la défiance de la démocratie. Esprit libre, il prit le parti des congrégations contre l'intolérance systématique du grand nombre. Se mettre en travers des passions de son temps, c'est sans doute le plus noble usage que l'homme puisse faire de sa force et de son talent. C'est assurément le plus haut personnage dans lequel on puisse concevoir l'homme politique.

Un homme aussi remarquablement doué était apte à exercer les fonctions de ministre. Ministre! Ceux à qui l'on fait l'honneur d'un tel choix se flattent d'imprimer une direction nouvelle à tous les services, d'appliquer les idées qu'ils se sont faites sur les améliorations à introduire. Quel mécompte! A peine installés, ils reçoivent coup sur coup les visites de personnages pressants, qui ne les laissent pas respirer, et leur font promettre de venir inaugurer une ligne de chemin de fer, poser la première pierre d'un asile pour les vieillards, participer à un banquet de commis-voyageurs. Tout leur temps se passe à revêtir d'une forme littéraire les lieux communs qui forment la matière de leurs discours. Au reste, le ministre, à peine entré en fonctions, s'aperçoit, dès ses premières conversations avec ses chefs de service, d'abord, qu'il n'a jamais connu, ni mesuré les difficultés pratiques du moindre changement à opérer, ensuite, qu'il ne peut rien sans l'aveu et le concours de ces personnages, dont la mauvaise volonté suffit pour faire échouer le projet le mieux conçu. Le ministre se borne donc à prendre leur conseil sur les réformes auxquelles il voudrait attacher son nom. Mais les réformes, on le sait bien, ne réussissent que lorsqu'elles portent sur tout un ensemble de questions connexes ; autrement les parties nouvellement élaborées trouvent une résistance dans le reste de l'ancien système, résistance presque toujours victorieuse. Force est donc de se réduire à de très chétives modifications, presque sans conséquences, et tout le travail de l'homme d'État consistera à leur donner plus d'apparence qu'elles n'ont de réalité. Si l'on suppose enfin que le ministre quitte son cabinet et paraît à la Chambre, que de nouvelles déconvenues y attendent l'homme sérieux et convaincu ! Le régime parlementaire n'est pas, comme on l'a dit souvent, un gouvernement par la parole, c'est-à-dire par la pensée dont la parole est l'expression : c'est un gouvernement d'orateurs et de rhéteurs. Or ce n'est point le vrai, c'est le vraisemblable qui est l'objet de la rhétorique, et il vaut quelquefois mieux, pour le succès de la cause qu'on défend, dissimuler le vrai que l'exprimer. Cette argumentation simplement probable, il faut que le ministre soit capable de la présenter de bonne foi, en y croyant ou comme s'il y croyait, avec entrain, avec agrément, avec tact, en un mot avec toutes les ressources que peut lui fournir un talent oratoire naturellement distingué. Un homme qui sait aligner des mots a un avantage considérable sur l'homme qui ne sait faire autre chose que penser, qui s'est formé une opinion par des réflexions silencieuses, et qui serait un ministre excellent si l'on consentait à le juger sur ses actes, sans lui demander de les justifier par la parole. Mais c'est ce qui n'arrive pas : ses actes ne plaident pas pour lui, par la très simple raison qu'il n'en fait pas; il n'est pas ministre. C'est l'autre qui exerce le pouvoir, et ses actes se règlent sur les paroles qu'il peut dire pour les expliquer. L'homme supérieur qui agit en vertu d'un instinct, qui puise ses résolutions dans la « partie divine de l'art de gouverner » est ainsi éliminé de la politique. Les actes mâles ont été remplacés par les paroles femelles et le génie d'un Richelieu s'est effacé devant le talent d'un Guizot.

Pendant la première période de sa vie parlementaire, Bardoux fut deux fois ministre. Nommé une première fois sous-secrétaire d'État de la justice, il se démit de ses fonctions le jour où il s'aperçut qu'il n'était pas d'accord avec le reste du cabinet sur la question du scrutin uninominal. Cet acte de désintéressement ne pouvait lui faire tort. Il fut de nouveau désigné, cette fois comme secrétaire d'État de l'Instruction publique, dans le cabinet qui prit, à la fin de 1877, la charge du pouvoir.

Les grandes questions ne sont pas nécessairement résolues par le ministre qui les a conçues : ce ministre les prépare; il tombe avant de les avoir fait aboutir. C'est son successeur peut-être qui aura la fortune de les rédiger en projet de loi, et le successeur de celui-ci qui aura la chance de les voir votées par les Chambres. Il résulte de là que toutes les grandes mesures ne peuvent être rapportées à un seul : elles sont une œuvre collective. Bardoux n'a pas eu l'honneur de proposer et de défendre l'obligation et la gratuité de l'enseignement primaire, préparées sous ses yeux et avec sa participation. Il a présenté et fait aboutir la loi sur la Caisse des Écoles, conçue originairement par M. Waddington. Nous ne croyons donc pas que l'activité ministérielle de Bardoux ait été bornée aux mesures prises par lui pendant l'année 1878. M. Rambaud, dans son discours sur la tombe de Bardoux, a fait un tableau animé de ces mesures. La création de la Caisse des Écoles, de la Caisse des Lycées, la reconstruction de la Faculté de médecine, le projet de reconstruction de la Sorbonne, la fondation du Musée d'ethnographie et du Musée pédagogique, etc., suffisent pour donner l'idée de l'activité déployée par le ministre. J'oubliais de dire qu'il a été le principal auteur de la législation qui protège nos monuments historiques.

Bardoux possédait la qualité maîtresse dont aucun ministre ne peut se passer : il était né orateur. Mais cet homme sincère, consciencieux, délicat, pouvait-il s'accommoder sans scrupule de tant de servitudes et de tant de contraintes qui pèsent sur les actes et sur les paroles d'un ministre? Il n'eut, comme secrétaire d'État, qu'une courte carrière et ne se prêta plus, par la suite, à de nouvelles combinaisons. Il avait, de plus, un défaut caractérisé qui le rendait impropre à cet office : c'était, nous l'avons vu, un parfait libéral, et peut-être est-ce cela surtout qui l'a empêché de faire une plus haute fortune, de devenir chef d'un ministère. Il faut bien l'avouer, le propre du grand ministre est de ne se laisser enchaîner par aucune abstraction. Sa force est, en un sens, une faiblesse puisqu'elle consiste dans une liberté d'indifférence à l'égard des principes. Les questions politiques sont toujours pour lui des problèmes particuliers qu'il résout d'après les circonstances, sans se croire engagé à résoudre de même, par la suite, un problème semblable. Je me le figure, entouré de ces arguments probables, tous à sa portée et à son niveau, s'attachant à l'un pour s'en détacher ensuite et se rapprocher des autres, indépendant de ce qu'il appelle les grands mots, maître de tous ses mouvements, libre dans toutes ses démarches et composant chaque fois avec art, par des emprunts aux différents principes, la solution opportune et expédiente que la Chambre adoptera avec enthousiasme. Ce haut et magistral scepticisme était refusé à Bardoux. Comme J. Simon, comme Laboulaye, il a renoncé délibérément au grand rôle qui avait paru un instant s'offrir à lui.

Bardoux passa en Auvergne toute son enfance et sa jeunesse; là aussi s'écoulèrent les premières années de son âge mûr. Il s'attacha profondément à son pays d'adoption. Il en aima les longues vallées étroites, sortes de fentes élargies par les eaux, que surplombent des amas de pierres volcaniques, facilement confondues avec les restes des antiques châteaux construits de la même pierre. Des villages s'écroulent sur les pentes, mêlant leurs tuiles rouges à la pâle verdure des châtaigneraies. Plus bas, des oseraies accompagnent le cours tortueux d'un ruisseau dont les ondes tièdes ou chaudes, toutes chargées d'alcali ou d'arsenic, débouchent avec fracas dans la riante plaine de Clermont. Les vallées sont disposées comme les secteurs d'un cercle qui aurait la ville pour centre. De chacune on découvre la cathédrale agenouillée avec fierté et ostentation dans sa robe de pierre. Tout autour la terre est le produit accumulé des roches volcaniques désagrégées par les eaux. Ce sol, fils du feu, où dort concentrée la chaleur de plusieurs soleils, est incroyablement fertile. Les fleurs y sont plus brillantes, le miel plus doux, les fruits plus savoureux qu'ailleurs. L'Auvergne, pays de lave et de granit comme la Bretagne et la Provence, nourrit comme elles une race forte. C'est de ces trois centres que sont sortis une bonne partie des grands hommes dont la France s'enorgueillit à juste titre. Mais l'Auvergne, avec son seul Pascal, ferait aisément équilibre à la Provence avec son Mirabeau, à la Bretagne avec son Chateaubriand, son Lamennais et son Renan. Cette race est marquée des mêmes caractères que le pays que nous venons de décrire. Telle la rivière creuse péniblement, au fond de sa ravine, le lit sinueux de ses eaux chargées de sels et les pousse tumultueusement vers la plaine, tels ces hommes, moins préoccupés de l'origine de leurs idées que du but de leurs efforts, tracent, sans plaindre leurs peines, un sillon où ils jetteront les semences de fruits excellents. Ils sont extraordinairement laborieux et opiniâtres, très attachés aux biens de cette terre, très pénétrés du sentiment de la justice. Ces vallées sont si profondes que la cime des montagnes y reste invisible; les hommes de ce pays ne sont pas curieux de chercher la vérité à sa plus haute source. Ils ont assez du travail obstiné qui est leur lot de chaque jour. S'ils relèvent la tête, c'est pour regarder devant eux à hauteur d'homme. Ils voient clairement ce qu'ils regardent, leur génie est essentiellement juridique, nullement philosophique. Ils n'empruntent à leur philosophie que leur point de départ, situé à mi-côte, mais ils en tirent une telle richesse, une telle variété de conséquences qu'on perd de vue la médiocre hauteur où leur raisonnement prend sa source.

Bardoux a été vivement intéressé par cette forte lignée d'hommes presque tous supérieurs; il s'est fait leur historiographe. On rencontre, dans son premier livre, de nombreuses figures de légistes, parmi lesquelles les plus éminentes et les plus caractérisées sont des Auvergnats. Il va ensuite chercher M. de Montlosier à Randanne, la famille de Montmorin à la Barge, La Fayette à Chavaniac. Tous le passionnent. Il montre à leur égard une bienveillance qui va jusqu'à la partialité. Cette disposition est augmentée chaque fois par la bonne grâce et l'obligeance d'un petit-fils, d'un neveu, d'une belle-fille qui ont mis sous ses yeux des documents non publiés. Il y aura ainsi presque toujours quelque chose à retrancher du jugement favorable qu'il porte sur chacun de ces personnages, mais ce que j'en ai dit suffit pour nous assurer que nous sommes en présence d'œuvres faites avec amour, avec prédilection, infiniment plus vivantes et plus intéressantes qu'un travail de pure érudition. Bardoux n'est pas un de ces déracinés dont parlait un romancier de notre temps : il est resté fidèlement attaché à sa patrie adoptive. Dans cette confusion des races et des langues que produit toujours plus ou moins le séjour à Paris, l'Auvergne est restée pour lui une mère ou, si l'on veut, une nourrice ; un souvenir tendre le reportait vers elle et lui rendait précieuses toutes les occasions qu'il rencontrait d'augmenter la gloire et de servir la renommée de ce pays d'élection.

Le temps nous manquerait pour suivre Bardoux dans toutes ses œuvres si habilement documentées, si riches en aperçus nouveaux, si dignes en un mot de notre étude. Nous sommes réduit à faire un sacrifice et il me semble qu'il devra surtout porter sur les biographies des hommes de second ordre. Un Montlosier, par l'originalité d'une âme forte, un, La Fayette par l'élévation d'une âme généreuse, ont acquis le droit d'échapper à l'oubli où sombrent en général les esprits médiocres. Ils ne paraissent grands que par la grandeur des événements qu'ils ont traversés. J'ai donc laissé de côté, non sans regret, les travaux remarquables que Bardoux leur a consacrés. J'en ai fait autant de cet excellent petit livre sur les Légistes qui, moins par la façon dont est traité le sujet que par l'idée qu'a eue le jeune auteur de présenter en une longue série linéaire ces premiers éducateurs de l'esprit public en France, est une véritable et précieuse acquisition pour l'histoire. Mais quel spectacle plus attachant que de voir Bardoux, dans sa maturité, aux prises avec les vrais grands hommes, ceux dont le fonds est si riche que nul critique ne peut se flatter de l'avoir épuisé et qui gardent toute leur stature après que le flot de l'histoire s'est aplani à leurs pieds. J'ai presque nommé Chateaubriand et Guizot. Le premier ne peut être séparé de la *Comtesse de Beaumont*, le second s'encadre naturellement dans l'*Histoire de la bourgeoisie française*.

Chateaubriand! Cette grande figure est debout sur le seuil du siècle et à l'entrée de toutes les voies où, depuis lors, les hommes se sont engagés. Il est en France le père du romantisme. Il a appris à ses contemporains l'ennui de vivre, la mélancolie de la destinée. Il a, le premier, cessé de puiser aux fontaines taries de la Grèce et de la Sicile. Il a ouvert à la poésie des sources fraîches qu'il allait chercher sur les rives du Meschacébé, dans les forêts de la Gaule, sous les murs de Jérusalem, où la religion et l'histoire prêtaient leur richesse à sa jeune inspiration. Il fallait la témérité du génie pour dépayser ainsi l'imagination de ses contemporains, pour déplacer le principe de l'émotion littéraire et changer le système des métaphores et des images. Il n'avait point les imperfections ou les rudesses d'un précurseur. Il a des morceaux datés du commencement du siècle où l'on admire une maîtrise incomparable du rythme, de la couleur, de l'émotion propre à l'école nouvelle et qui rivalisent avec les exemplaires les plus réussis du romantisme parvenu à sa période de perfection.

J'ai laissé entendre que l'histoire avait été renouvelée par lui. Non seulement il lui a communiqué par l'imagination une vie qu'elle n'avait pas, mais il y a fait rentrer un nombre infini de faits que les froides chroniques du XVIIIe siècle omettaient — et avec raison — parce que n'ayant pas été touchés et transformés par le génie du poète, ils n'avaient pas encore de sens historique. Quelle nouveauté, par exemple, que ce tableau de l'éveil du camp romain aux premières lueurs du jour, avec des détails si sobres et si exacts, d'où résulte une impression si profonde! C'est Chateaubriand qui a découvert l'architecture gothique, jusque-là masquée par les pompes monumentales du XVIIIe siècle. La richesse de son imagination et la magie de son style étaient telles qu'elles ont précipité vers l'histoire plus d'une vocation indécise : est-il besoin de rappeler Augustin Thierry?

Il a fait bien plus : il a été le restaurateur du christianisme catholique en France; il a presque joué le rôle d'un fondateur de religion. Les délicates manières de sentir, les puissantes raisons de croire qu'il a introduites dans son apologie de la foi chrétienne ont été accueillies et conservées par le catholicisme. On ne devrait jamais louer le Concordat sans se rappeler, à côté de l'homme qui a consacré par la loi le retour à l'antique religion, celui qui a tant contribué à la faire accepter par les mœurs et qui a réconcilié avec elle la raison, l'imagination et le sentiment. Ils sont deux dans ce siècle, l'un qui, restaurateur du passé, a distingué dans les lois et coutumes d'une vieille monarchie tout ce qui pouvait être conservé et rajeuni, qui a refondu cette matière avec quelques idées datant de la Révolution et a fait sortir du moule les institutions politiques sous lesquelles nous vivons depuis un siècle; l'autre qui, dans tous les genres, a été constamment en avance sur son temps, précurseur et avant-coureur d'un avenir que nous n'avons pas encore épuisé. L'un qui a bouleversé l'Europe, remanié cinq ou six fois les frontières des peuples, donné et ôté des couronnes, œuvre gigantesque dont la trace a été aussi vite effacée que les pas d'un enfant sur le sable; l'autre qui a transformé les âmes et inauguré pour elles de nouvelles manières de sentir, de croire, de savoir et de s'exprimer. Est-ce celui qui a fait le plus de bruit sur cette terre qui, dans les pesées d'une juste balance, est le plus grand et le plus digne de mémoire?

Chateaubriand était doué comme il convenait pour accomplir cette œuvre immense. Il a encore, quand il le veut, la phrase juste et lumineuse de Voltaire, la phrase bien assise qui tout d'un coup se lève et marche à grands pas alertes. Il couvre cette trame d'images neuves et brillantes, car son imagination est la plus riche qui se puisse concevoir ; la puissance et la variété de l'invention y sont presque infinies. Ajoutez l'esprit le plus subtil et le plus fin, le plus prodigieusement amusant qui fut jamais, une perspicacité qui n'avait pas besoin de l'analyse pour aller jusqu'à la racine des choses. Il était malgré tout, c'est-à-dire en dépit de sa vanité et de ses retours sur lui-même, clairvoyant et impartial : il l'a été dans l'admirable et définitif jugement qu'il porte sur Napoléon. Les hautes vues de l'homme d'État ne lui ont pas manqué, et s'il ne lui a pas été donné de les appliquer longtemps comme ministre, c'est qu'elles étaient desservies par un orgueil exigeant, par un amour-propre toujours en éveil, par une ambition qui regardait et visait toujours plus haut que le présent, par un égoïsme qui, le moment de la curée venu, ne reconnaissait plus d'amis. Enfin, jeune homme, homme fait, vieillard, il a goûté, à travers les mécomptes d'une vie dont il aimait à se plaindre, les grandes, les douces récompenses que l'amour n'accorde pas toujours au génie et au malheur. Pauline de Beaumont, Mme de Custine, Mme de Duras, Mme Récamier se sont succédé sans interruption auprès de lui, de façon que pas un jour de culte ne manquât à l'autel jusqu'à la mort, qui laissa lui survivre la dernière de ces femmes d'une qualité d'âme si rare, d'une tendresse si exquise. C'est là peut-être ce qui a causé le plus d'admiration et d'envie aux jeunes écrivains entrés après lui dans la carrière. Avoir son génie, ils n'y comptaient pas ; mais être aimé comme lui, était-il défendu de l'espérer ? C'est là le sentiment qui a pénétré en secret les âmes de nos poètes et de nos critiques. Sainte-Beuve en a été blessé jusqu'au cœur, c'est-à-dire jusque dans les parties les plus intimes de son amour-propre ; il porte partout ce trait envenimé. Les amours de Chateaubriand ont inspiré à la noble nature de Bardoux un enthousiasme sans jalousie qui lui fait honneur.

Bardoux a rencontré assez tard le personnage même de Chateaubriand : il a commencé par ses amies, par le milieu sentimental où avait vécu le grand homme. Je demande la permission de renverser l'ordre qu'il a suivi. Dans le volume intitulé *Chateaubriand* et qui est l'un des meilleurs de son œuvre, il ne faut pas s'attendre à rencontrer à côté du poète et de l'écrivain l'historien, le politique, l'homme d'État. Ce n'était pas le dessein de Bardoux de peindre l'homme dans ces différents personnages : il avait fait son choix. De propos délibéré, il ne considère que l'artiste. Les œuvres de Chateaubriand sont présentées en une longue série, chacune à sa date. Elles ne sont pas groupées d'après la nature des sujets, de manière que tout ce que Chateaubriand a pensé en divers temps, sur une question déterminée, se trouve rapproché et se prête à de faciles comparaisons. L'arrangement par ordre de date a un avantage : c'est que, s'il ne permet pas de classer les idées d'un auteur, il respecte l'unité de son génie littéraire, seul lien qui subsiste entre les chapitres successifs. Ce génie se retrouve dans chaque œuvre avec une marque particulière, signe d'un progrès ou d'une décadence, et la suite de ces marques forme comme l'histoire d'un grand esprit. En cela Bardoux, en dépit de quelque regret que son parti pris nous laisse, a parfaitement réussi. Il est impossible d'imaginer rien de plus juste, de plus ingénieux, de plus complet et de plus sobre que le tableau de la littérature du XVIIIe siècle, à l'heure où le génie de Chateaubriand va éclater brusquement et renouveler tous les genres littéraires. Sa vie à Combourg nous laisse une impression de mélancolie pénétrante dont nous connaissons la source, car Bardoux s'est largement inspiré des *Mémoires d'Outre-Tombe*. Mais qu'il fallait un grand art et une sensibilité entièrement possédée de son sujet, pour en conserver si bien le charme fragile dans le peu de pages auxquelles il a fallu se réduire! Les autres chapitres sur le *Génie du Christianisme*, les *Martyrs*, l'*Itinéraire de Paris à Jérusalem*, le *Congrès de Vérone*, enfin les *Mémoires d'Outre-Tombe* contiennent des jugements excellents. Peut-être pourrait-on regretter qu'il n'ait pas été fait une part plus grande au journaliste et au pamphlétaire et que Bardoux ait cru en avoir dit assez dans un chapitre de six pages.

L'étude sur Mme de Beaumont est un livre mal composé. Il le serait encore, même si l'on en changeait le titre. Il comprend deux parties entre lesquelles il n'y a pas de lien solide et véritable, l'une toute politique, où sont racontées l'élévation, les luttes, la disgrâce et la mort de M. de Montmorin, l'autre toute biographique, qui est consacrée, le mot est juste, au reste de la courte vie et à la mort de Pauline. Cette seconde partie a été écrite très vite. La langue est souvent incorrecte, le style n'est pas exempt d'emphase. Malgré toutes ces imperfections, le livre de Bardoux est l'un des plus émouvants qui se puissent lire. Il a gardé tout son empire sur les imaginations et les cœurs. C'est une perle aux vagues reflets qui est sortie d'une larme.

Bardoux rencontrait ici cette difficulté que presque rien d'écrit n'a survécu à Mme de Beaumont; elle n'a point laissé de Mémoires; ses lettres n'ont pas été conservées, ou ceux qui les possèdent ne les ont pas jugées dignes d'être divulguées. Le portrait de de Pange, pour lequel Bardoux montre une admiration de convenance, manque totalement d'originalité : c'est une composition bien faite pour le brevet supérieur. Force était donc de peindre Pauline par le milieu où elle a vécu, par les amis qui l'ont entourée, par les souvenirs qu'elle leur a laissés à tous. Le salon de Mme de Beaumont, voilà le titre véritablement exact de la seconde partie du volume. Ce salon, il était doux de s'y rencontrer, de s'y enfermer, au lendemain de la tempête révolutionnaire, d'y trouver réunis les esprits rares et les nobles caractères qui avaient échappé par miracle à la tourmente, de causer librement avec ces hommes que la grandeur des événements traversés avait rendus incapables de toute petitesse. Ce n'étaient pas moins que de Pange, les deux Trudaine, Chênedollé, Adrien de Lézay, Mme de Vintimille, Mme de Montesquiou, Joubert et enfin Chateaubriand, dans tout le jeune éclat de sa gloire naissante. Nul n'a analysé plus fortement que Bardoux ces joies fières et délicates. Mme de Beaumont présidait ces soirées avec cet art, ce tact exquis, qui a pour fond une parfaite bonté. Bardoux se voyait lui-même admis à ce cénacle : il philosophait avec de Pange, raffinait avec

Joubert. Il aimait en secret une des belles amies de Pauline. Il s'inclinait silencieux devant le maître et il lui semblait avoir un instant vécu dans la familiarité des dieux. Il sortait de là véritablement heureux, et pour ne rien mêler de vulgaire et de passager au monde idéal qu'il venait de quitter, il rentrait en regardant les étoiles.

Je ne parlerai pas de la mort de Mme de Beaumont : il ne se peut rien imaginer de plus tragique et de plus poignant; mais Bardoux était soutenu par Chateaubriand : il lui suffisait d'analyser les *Mémoires* et d'y découper à l'occasion des passages beaux d'une éternelle beauté. Ce qu'il y a de nouveau et de plus personnel, c'est la façon dont sont groupés et appréciés les lettres et les témoignages écrits après la mort de Pauline. Chateaubriand n'est pas celui qui souffre le plus : c'est Joubert dont le voyage de Pauline en Italie avait bouleversé l'existence, qui n'écrivait plus, ne pensait plus, je veux dire ne pensait qu'à elle et qui, après la mort, décida qu'un mois par an serait employé à célébrer son souvenir. C'est Mme de Vintimille qui écrivit : « C'est une plaie qui ne se fermera jamais. L'idée de ne plus la revoir me poursuit sans cesse. » Heureuse la femme qui laisse à ses amis de tels regrets ! Ils deviennent ceux d'un monde qui ne l'a pas connue.

Après ce pieux pèlerinage, où il avait été engagé par la rencontre soudaine d'une âme et retenu par le prestige du grand enchanteur, Bardoux revint à ses études politiques. Ce retour est marqué par le livre de la *Bourgeoisie française*. Bardoux se défend modestement d'avoir voulu faire une histoire de la Bourgeoisie. Il se propose simplement de montrer la grandeur et la décadence des classes moyennes, les dons supérieurs qui les ont portées au pouvoir, les erreurs et les faiblesses qui ont précipité leur chute. 1789, 1848, ces deux dates nous aident à comprendre ce que Bardoux entendait par le mot de Bourgeoisie. Dans cet intervalle, il n'y a point de suffrage universel direct, consacré par la loi : c'est tantôt le suffrage à plusieurs degrés, tantôt l'électorat à vie, tantôt différents chiffres de cens pour l'électorat et l'éligibilité. La classe que ces régimes successifs distinguent et séparent du reste de la nation possède le privilège de choisir virtuellement les membres du cabinet. Analyser brièvement le type moral et social, les idées courantes, la forme du gouvernement, les principes de conservation et de progrès propres à une société de 2 à 300 000 censitaires, voilà donc, à proprement parler, le sujet du livre.

Ce privilège se défend par des raisons spécieuses. Le cens, après tout l'une des garanties les moins contestables, est, en effet, d'une manière générale, la plus sûre garantie d'une certaine culture. Si l'on suppose deux cens, un pour l'électorat et un pour l'éligibilité, ce sont donc apparemment les meilleurs parmi les meilleurs qui arriveront au parlement et prendront part à la lutte pour la première place. Ceux qui obtiennent cette place, par le suffrage de leurs égaux, sont donc le produit final d'une sélection à plusieurs degrés, et le sentiment que leur victoire est précaire, leur pouvoir toujours disputé, ne leur permet pas un seul instant d'être inférieurs à eux-mêmes. Le suffrage restreint est donc théoriquement le moyen le plus efficace de faire prévaloir l'intelligence et l'honnêteté dans la conduite des affaires du pays.

Ces raisonnements si judicieux contiennent pourtant une erreur profonde : une grande nation, en progrès constant, ne peut pas, pendant un nombre d'années indéfini, se laisser représenter par une étroite coterie de privilégiés. L'instruction se répand, l'industrie se développe. Le nombre des électeurs capables et ambitieux augmente d'année en année. La limite du cens devrait s'étendre pour les recevoir, mais les censitaires n'en voient pas la nécessité. Ils résistent obstinément à tout partage. Ils se fortifient dans les lieux communs qui, à l'origine, leur ont servi d'apologie. Ils en viennent à considérer leur privilège comme une prérogative, et à croire aussi dangereux de le communiquer à de nouveaux électeurs qu'il l'eût été jadis de multiplier les anoblissements. De conservateurs, ils sont devenus réactionnaires. Ajoutez que ces hommes, pourtant si avisés et si sagaces, commirent une fâcheuse erreur de jugement : ils crurent aux mots, sans s'apercevoir que les choses signifiées avaient entièrement ou notablement changé. Ils crurent, et le roi fit comme eux, à la garde nationale, et furent stupéfaits lorsqu'il fallut reconnaître qu'elle n'était plus la garde nationale de 1830 et que, sous le même nom, se cachaient un autre esprit et d'autres tendances. Ils crurent au corps électoral, sans s'apercevoir que ce corps, partiellement renouvelé, ne leur restait fidèle que par habitude et qu'il était au fond influencé soit par les électeurs nouvellement admis et encore hésitants, soit par la masse d'hommes qui se pressaient aux portes du suffrage, jugeant les affaires, critiquant la gestion des privilégiés et se montrant dignes d'être compris dans le nombre des citoyens. Ces faits si graves, si féconds en conséquences et en exigences, échappèrent aux conservateurs. C'est ainsi qu'ils arrivèrent, sans avoir le sentiment d'une catastrophe prochaine, jusqu'au seuil de la Révolution de 1848, la plus imprévue et la plus inexplicable pour eux, la mieux préparée et la plus nécessaire, pour les gens qui, dès le principe, avaient vu clairement les causes et mesuré leurs effets.

On ne peut se défendre d'une émotion grave lorsque Bardoux, après avoir raconté tant d'erreurs succédant à tant de victoires de la Bourgeoisie, rédige tristement l'épitaphe de cette classe. Pendant tout le second Empire, rien n'eût été plus naturel que d'arrêter à 1848 l'étude sympathique de la société bourgeoise et de son gouvernement : le despotisme les avait fait amèrement regretter. Jusque vers 1875, on put s'attendre, non pas à ce que la classe moyenne ressaisît le pouvoir; c'était impossible; mais à ce qu'elle eût l'air de le ressaisir grâce à la restauration d'une monarchie orléaniste. Ce fut son dernier et fragile espoir. A partir de cette date, la démocratie devint le gouvernement régulier de la France. Elle fit voir à son tour sa façon d'entendre les grands problèmes, de les résoudre par la solidarité humaine, de les élever par un sens plus ample et plus sûr de leur généralité, de leur universalité. On dut reconnaître que tous ceux qui exerceraient désormais quelque autorité le feraient de plus en plus au nom et pour les intérêts de la démocratie triomphante. A partir de cette époque, l'histoire de la bourgeoisie tombe brusquement dans le passé, dans un passé presque lointain. Son tombeau est scellé et le souvenir de sa réalité s'efface. Quand on lit les lettres de la duchesse de Broglie, on voit combien sont restreintes les causes qui maintiennent les hommes au pouvoir et de combien peu de personnes elles dépendent. Comparez à cela les 10 millions d'électeurs réunis, mêlés par le chemin de fer, le télégraphe, le téléphone, la poste à trois sous, le journal à un sou, toutes choses qui n'existaient pas au lendemain de 1830. C'est une transformation totale, dont il n'est pas un homme qui n'ait l'intuition. Il est constant qu'une partie de la bourgeoisie a conçu le sentiment de nouveaux devoirs. Elle s'est vouée à des œuvres telles que les habitations à bon marché, la création de domiciles pour les filles pauvres, de dispensaires pour les tuberculeux, l'encouragement de sociétés de secours mutuels, le crédit et les banques ouvrières, etc., etc. Elle prend sous sa direction, et en partie à sa charge, toutes ces tâches, dont le nom seul aurait profondément surpris les hommes du régime de juillet. D'un autre côté, il est possible qu'une autre partie de la bourgeoisie, en face de nouveaux périls, se resserre davantage, qu'elle renonce définitivement aux restes d'un libéralisme incommode, qu'elle se donne tout entière aux croyances religieuses dans lesquelles elle croit trouver le salut, qu'elle recherche surtout les doctrines par lesquelles elle peut attirer et plus ou moins duper les masses du suffrage universel. Mais, en faisant cela, elle ne renaît pas dans le vieux rôle qu'on lui a connu : c'est un personnage nouveau qu'elle revêt, une peau moitié de mouton, moitié de renard qu'elle se met sur les épaules. Cette seconde partie de la bourgeoisie n'est pas digne de mémoire. Elle peut être négligée. Mais la première aurait mérité que Bardoux en parlât. Non, la bourgeoisie n'est pas morte! Elle est vivante, au contraire, très vivante, et elle attend son historien. Bardoux, s'il avait fait cette histoire, y aurait embrassé tous les éléments divers d'une société, sciences, vie privée, amour, littérature, tout ce qui accompagne la vie publique et en prolonge les échos.

Le directeur de la Collection des grands écrivains français a été bien inspiré lorsqu'il a confié à Bardoux l'étude sur Guizot. Bardoux était naturellement disposé à admirer l'illustre homme d'État, à lui passer certaines erreurs de jugement et certaines faiblesses.

Guizot est une force, une force toujours maîtresse d'elle-même, parce qu'elle a fait elle-même la règle qui dirige tous ses actes, maîtresse aussi des hommes de son temps, parce que l'énergie et la précision de cette règle se font sentir largement au dehors. Comme homme privé, il a toujours été, pendant toutes les phases de sa vie presque séculaire, un mari tendre, un père excellent, un ami serviable, un ennemi généreux. Pas un acte douteux, pas une faiblesse secrète ne déparent cette longue suite d'années. L'érudit et l'historien sont de premier ordre. Quoique plusieurs des conclusions de la *Civilisation en France* et de la *Civilisation en Europe* aient été contestées, la somme d'idées que ces deux grands livres ont introduites est la plus riche contribution qui ait été apportée par un seul homme à l'histoire des quinze derniers siècles. La façon philosophique d'entendre et d'écrire cette histoire a été entièrement renouvelée. Comme homme politique, Guizot a prêté à des critiques sur lesquelles nous reviendrons dans un instant, mais ses partis pris sont nets, spécieux et honorables. Il a persisté jusqu'à la dernière heure à croire et à répéter au public que la classe moyenne était prédestinée à gouverner un pays qui voulait que l'intelligence, la modération, l'honnêteté eussent la conduite de ses affaires. Ce gouvernement ne participait nullement de l'immobilité et de la sécurité propres à l'ancien régime; il était le résultat instable d'une lutte incessante pour la première place, qu'il avait fallu gagner, qu'il fallait garder par l'éloquence, par la fermeté du caractère, par la force des raisons, victorieuses chaque fois d'une minorité turbulente. Heureux l'homme qui se trompe si noblement! Guizot enfin a été, dans toute la force du terme, un orateur. Il avait l'habitude et le goût de relever les questions, de les ennoblir en faisant dépendre leurs décisions de raisons plus hautes que l'intérêt pratique. Ainsi, son éloquence tenait moins à l'originalité de la forme qu'à la hauteur des pensées. Cette hauteur était celle qu'habitent les âmes préoccupées de questions religieuses. Ses croyances, assises sur un fond très solide, étaient d'ailleurs liées à un respect profond de la liberté d'autrui, et il faut assurément lui en savoir gré.

C'est à Bardoux que j'emprunte presque tous les jugements qui précèdent. Il possédait tous les dons qu'il fallait pour comprendre un tel homme et en parler dignement. Il a peut-être trop souvent cédé au désir très naturel de louer immodérément les mérites et de ne pas insister sur les insuffisances. Je ne puis me défaire de l'idée que c'est aux grands hommes surtout qu'on doit la justesse dans le témoignage : ils y gagnent que le jugement qu'on porte sur leurs œuvres soit plus solide, plus large, plus complet, plus véritablement respectueux. Je voudrais dire en peu de mots ce que j'aurais aimé à trouver dans ce livre composé à la gloire de Guizot.

Guizot avait une façon de comprendre l'histoire que n'auraient point désavouée les hommes du XVIIIe siècle. Il dégageait les grandes causes et descendait avec elles le cours des événements. En même temps, il rassemblait des faits, les vérifiait avec une scrupuleuse exactitude, et les groupait de manière à pouvoir y asseoir de larges inductions. Ces deux facultés, en apparence contradictoires, étaient tout le génie de Guizot appliqué à l'histoire. Il ignorait le reste, tous les autres éléments, de nature généralement concrète, qui, depuis, sont devenus des parties intégrantes de la preuve historique. Par exemple, la Réforme n'avait été pour lui qu'une émancipation de l'esprit humain. Cette définition explique tout, doit tout expliquer. Il ne voit pas que la Réforme est, avant tout, la reconnaissance d'un état moral qui consiste dans un sentiment plus aigu du péché, dans l'horrible vision des peines, dans le rachat de l'âme par un amour qui n'est pas de ce monde, dans un culte tout spirituel et intérieur. Il a écrit une vie de Cromwell où il est impossible de voir autre chose que l'histoire d'un ambitieux plein de talent, auquel Dieu n'a pas accordé la faveur de réussir dans tout ce qu'il voulait. Le puritain n'est même pas rappelé dans la conclusion; le fanatique et le bouffon que nous montre le livre de Carlyle sont absents. On ne peut reprocher à Guizot, dont le grand effort historique date de la Restauration, de n'avoir pas découvert et mesuré l'importance des faits auprès desquels ses contemporains, à l'exception de Chateaubriand, auraient tous passé sans les recueillir. Mais, absous du reproche, il reste exposé à une juste critique, celle de n'avoir connu et expliqué qu'une moitié de l'histoire.

Cousin avait composé l'éclectisme avec des éléments empruntés aux cinq systèmes de philosophie qui avaient, depuis l'origine, occupé la pensée humaine. Il prétendait y enfermer les hommes de son temps et les hommes de tous les temps. Auguste Comte n'avait pas de moindres ambitions pour sa philosophie positive. Guizot ne raisonne pas autrement que ses deux contemporains : il croyait fermement que le gouvernement, qu'il travaillait à fonder sur le privilège des classes moyennes, devait servir et suffire à nos derniers neveux. L'idée exprimée par le *devenir* n'avait pas encore fait son entrée dans le monde, et les faiseurs de systèmes n'avaient pas encore mesuré la brièveté des prévisions humaines. Guizot, comme Cousin, comme Auguste Comte, devait à cette conception, étroite mais puissante, d'avoir eu une énorme influence sur son temps et de l'avoir marqué de son empreinte, mais il a eu d'autant moins de prise sur l'avenir, qui est aujourd'hui le présent.

Même faiblesse, en général, dans le choix ou la hiérarchie des preuves philosophiques. Le raisonnement décisif où se complaisait Guizot, où il revenait sans cesse après avoir traversé rapidement les autres modes d'argumentation, se résume invariablement en ces mots : La solution qu'on propose est-elle celle qui met le plus sûrement du calme dans les esprits, de l'énergie dans les âmes, de la dignité dans la vie, de l'harmonie dans les rapports sociaux? Peut-on dire qu'elle contribue mieux qu'une autre à rendre la société prospère? Ainsi se trouvent éliminées les démonstrations qui reposent simplement sur l'analyse et la comparaison des idées, sans aucune considération de leurs conséquences politiques et sociales. Lorsque Guizot a dit : Supposez abolie la croyance au surnaturel, avec tout le cortège d'idées qu'elle entraîne après elle, et demandez-vous ce que deviendraient, dans le groupe humain qui aurait subi cette transformation, l'autorité des églises, le prestige d'une foi désormais sans mystère, les bases d'une morale impérative et efficace. Cette manière de raisonner, qui est pour Guizot la plus décisive et la plus irréfutable, aurait été, pour Renan ou pour Taine, la plus dénuée de valeur et de force probante qui se pût concevoir. Mais on n'en était pas encore là à l'époque où l'illustre homme d'État choisit et arrêta les formes de sa pensée.

On voit que l'unique reproche qu'on puisse faire à Guizot est de n'avoir pas été en avance sur son temps et de n'avoir pas pressenti le nôtre. C'est aussi pour cette raison, Bardoux l'a très bien montré, qu'il est tombé en 1848. Il lui a échappé un jour de dire que tout ce qui se passait en dehors de l'enceinte du Parlement ne méritait pas qu'on en tînt compte, qu'il n'y avait là aucune réalité politique. Un préjugé trop évident, où son orgueil était intéressé, l'empêchait de rien voir au delà des Chambres, théâtre de ses succès prolongés. Il élevait le ton, il enflait magnifiquement la voix pour assourdir la rumeur du peuple qui commençait à grandir et à se faire entendre au dehors. C'est ainsi que cet homme si intelligent, si sagace, qui avait toutes les maîtrises, qui connaissait les hommes à la fois par l'histoire et par l'expérience personnelle, a pu échouer et sombrer contre une petite question qui, sans qu'il en sût rien, devait soulever tout un peuple.

Descendons maintenant des hauteurs où nous avaient conduit les grands esprits et demandons à Bardoux de nous laisser voir les ressorts cachés qui ont mis en jeu, dans ses ouvrages, tant de qualités rares, rançons naturelles de quelques insuffisances. Bardoux était par excellence un homme politique; les aptitudes philosophiques lui manquaient. On a souvent remarqué que les qualités du philosophe sont le contre-pied de celles de l'homme d'État. La remarque est juste : l'insuffisance de l'un, sur un point, correspond presque toujours à un mérite chez l'autre. En toute question, le philosophe recherche des causes, l'homme politique recherche des solutions. Le philosophe poursuit obstinément jusqu'au bout les causes premières. L'homme politique s'arrête à mi-hauteur dans la région des causes secondes. Le philosophe ne se demande pas si ces causes premières n'ont pas perdu par la distance tout effet notable sur les esprits et les volontés. Dès que l'homme politique s'aperçoit que cet effet s'atténue ou cesse d'exister, il renonce à pousser plus loin. Il arrive souvent que le philosophe redescend des hauteurs avec un langage apocalyptique qui n'est compris que de ses seuls disciples. L'homme d'État ne s'est jamais perdu derrière ces sommets, d'où on revient avec des formules mystérieuses. Il est toujours sûr d'être compris, parce qu'il parle la langue de tout le monde. Le philosophe, revenu de si loin, après avoir établi un lien entre la question pratique qui se pose et la cause invisible qui sert à la résoudre, aura-t-il la fermeté de vue, la sûreté de main, la rapidité dans l'exécution que lui communiquerait une cause plus prochaine? Aura-t-il encore le sens du lieu et de l'heure? L'homme politique sait bien ce qu'il veut, parce qu'il n'a jamais perdu de vue la société et ses besoins et que c'est de là, bien plus que d'un principe quelconque, que procèdent ses convictions et ses actes, et c'est aussi pourquoi il est un maître dans l'art d'apprécier le temps, l'heure, l'occasion, en un mot, l'opportunité. Le philosophe tend constamment à refaire l'unité après l'avoir défaite. L'homme politique ne craint pas d'associer plusieurs principes qui lui paraîtraient contradictoires s'il remontait plus haut, ou bien il en choisit un, le plus digne d'occuper honorablemeut son activité, et il s'y dévoue sans vouloir considérer s'il n'y a pas un autre principe qui, dans une logique supérieure, dominerait celui-là. Personne n'est plus pénétré que lui de cette idée que ce bas monde ne se laisse pas gouverner par l'absolu : tout y est relatif et il n'y a pas de question qui puisse se résoudre indépendamment des circonstances.

Bardoux se rapprochait du type de l'homme d'État tel que nous venons de le définir. Qu'il soit à peu près indifférent aux questions philosophiques, c'est ce qui ressort suffisamment du peu de soin et de goût qu'il a mis à traiter les sujets de cet ordre toutes les fois qu'il les a rencontrés sur son chemin. Il n'a point été sensible à ce qu'il y a de tragique dans le scepticisme de Pascal. Il n'a pas pénétré bien avant dans la subtile métaphysique de Domat. Il a presque passé sous silence les *Études historiques* de Chateaubriand ; enfin, les *Méditations religieuses* de Guizot n'ont été mieux traitées que parce qu'il s'y trouve un élément politique et social considérable. Mais que de rares qualités compensent ces insuffisances, et comment priser assez haut la sûreté d'instinct qui l'arrête à temps dans la poursuite des causes, l'avertit qu'il est suffisamment armé et « motivé » pour aborder la région de l'application! Comment ne pas admirer son obstination à ne pas sortir de la sphère où tout est clair pour lui et pour les autres, où l'on distingue aisément ce qui convient au milieu et au moment, où, au grand scandale du philosophe, les causes secondes, qu'un tact inné a dégagées et choisies, engendrent le projet qui servira le mieux les intérêts de l'État.

Bardoux était donc naturellement porté vers les opinions de juste milieu. Aussi était-il un admirateur fervent de Guizot. Il renaissait sans effort dans le personnage d'un des membres de la majorité qui soutenait l'illustre homme d'État. Il retrouvait chez ses collègues de 1830, sous les divergences d'opinion, ces formes de politesse raffinée, cette haute éducation, cette familiarité avec les auteurs classiques qu'il regrettait habituellement de ne pas rencontrer dans les assemblées d'après 1875. Il prenait part en imagination à leurs luttes d'éloquence à la tribune, et il aimait à en aller chercher le contre-coup dans les salons où le ministère s'était formé, où un trait d'esprit répété à voix basse, l'ironie légère d'une femme aimable étaient comptés parmi ses plus cruels ennemis. La muse de la politique, s'il en existe une, se fait voir aujourd'hui à la fenêtre d'un cabaret ou sur le balcon d'un hôtel de ville. Elle est coutumière des idées terriblement simples et des mots horriblement emphatiques. Bardoux n'avait l'usage ni de ces lieux communs, ni des *sesquipedalia verba* qui les expriment. Sa muse pédestre excellait à traduire en langage simple des idées subtiles, suprême distinction qui n'est plus aujourd'hui que de l'impuissance. De plus, Bardoux avait gardé du royalisme de sa mère ce qu'en pouvait conserver une âme très sincèrement, très complètement républicaine. Je me rappellerai toujours ces mots qu'un démocrate très convaincu prononça les larmes aux yeux, le jour de la mort de Gambetta : « Nous n'avons plus personne à aimer en politique ». C'est le royalisme séculaire du Français qui se trahissait involontairement par cette interjection. Le propre du monarchiste pur est le besoin d'aimer une personne, de s'attendrir et de se dévouer pour elle. Bardoux n'avait aucun attachement traditionnel au principe d'une monarchie ou au représentant d'une race. La France était devenue une démocratie républicaine, c'est-à-dire qu'elle avait perdu la foi sans laquelle aucune dynastie ne peut vivre. Bardoux était trop avisé pour ne pas le sentir. Les incertitudes et les regrets du rallié lui furent toujours inconnus. Mais il n'avait, ses œuvres en fournissent la preuve répétée, ni l'insensibilité farouche du démocrate qui regarde sans une émotion grave le rejeton d'une glorieuse suite de rois, ni l'infatuation du républicain trop convaincu qui attache à l'élection une sorte de vertu mystique. C'était un républicain fervent et sincère, mais les passions d'une démocratie envieuse lui étaient étrangères. Il aimait profondément la République; il l'aimait en historien et en homme de bon sens. Si la monarchie avait été de son temps le gouvernement de notre pays, il n'aurait sans doute pas été tenté de la renverser. J'imagine qu'il aurait simplement souhaité que la loi salique fût abrogée et que la couronne tombât en quenouille; il eût regardé avec émotion les pays comme l'Angleterre et la Hollande. Le roman honnête et pur que ces deux nations ont montré au monde à la hauteur du trône lui faisait envie.

A côté de l'homme politique, il y a le lettré, le fin connaisseur, l'artiste. Bardoux était tout cela. Toutefois il était moins écrivain qu'orateur. L'homme habitué à dominer les Assemblées a peine à se figurer que la magie de sa parole et de son regard ne le suit pas partout. Il a le sentiment instinctif et profond que cette magie est toujours là, donnant à ses écrits le même mouvement, la même couleur et le même lien qu'à ses discours. Par exemple il se permet de laisser entre deux raisons ou deux idées qui ne s'enchaînent pas naturellement une lacune, très vite et très heureusement comblée par une intonation significative, par un geste qui est compris sur-le-champ et d'un seul regard. Les images que l'orateur emploie sont presque toujours nobles, jamais vulgaires, mais souvent et à dessein un peu banales. Cette banalité leur donne prise sur tout auditoire quel qu'il soit. C'est à l'action oratoire que revient le soin de les relever par le ton, de les ennoblir par l'émotion, de leur prêter comme une apparence de nouveauté. De plus, l'orateur dispose généralement d'une immense lecture. Il y trouve un vocabulaire d'une richesse incomparable. S'il veut exprimer la moindre chose, il a quatre mots pour un dont il se sert avec art. Sa phrase, qui doit marcher et courir avec lui, est alerte, ses pensées ne se recouvrent pas en partie l'une l'autre comme il le faut pour un enchaînement solide. Leur lien logique avec les autres résulte de leur place dans le discours. L'orateur n'a jamais de ces phrases traînantes, surchargées, touffues, dans lesquelles le penseur s'embarrasse, n'ayant pas le courage de trancher les fils qui attachent à l'idée principale une foule d'idées secondaires et la prolongent ainsi hors d'elle-même. Bardoux ne présentait pas toute la réalité de ce type si riche : il avait d'ailleurs de bonnes parties de l'écrivain. Toutefois, il a transporté dans le personnage d'auteur plusieurs des qualités et des défauts propres au tempérament oratoire. Ainsi s'explique ce paradoxe d'un homme très intelligent et très doué, qui pense avec justesse, compose avec art, écrit naturellement avec grâce, facilité et légèreté, et qui pourtant n'atteint pas à la maîtrise littéraire.

En second lieu, Bardoux n'avait pas l'acuité particulière qui distingue l'esprit critique. Il lui échappe des mots comme ceux-ci : « Pascal allait prouver *avant Molière* que le don des larmes et celui du rire ont une secrète parenté », ou encore : « les *formidables* éclats de rire qui accueillirent les Provinciales ». Si jamais écrit a été composé avec des trésors d'indignation de nature à glacer, à faire rentrer le rire, ce sont bien les petites Lettres. Les trois premières, et surtout la quatrième, avec le portrait charmant du Jésuite, sont du comique le plus fin et le plus discret. Mais Bardoux était trop avisé pour commettre souvent de pareilles erreurs. Elles montrent seulement pourquoi il n'a été qu'un médiocre peintre de caractères. Il ne savait pas se déprendre de lui-même et entrer dans une manière de sentir qui n'était pas la sienne. Il n'en faut pas moins pour connaître d'un homme tout ce qu'on a envie d'en savoir. En revanche, Bardoux était par excellence un peintre de mœurs. Il ne lui arrive jamais de perdre de vue les idées générales qui sont en jeu et en conflit dans une société. Il fait revivre les personnages divers qui en ont représenté les variétés ou les degrés. Du sein de sa forte personnalité, il les embrasse tous du regard. Il se représente sans effort cette sensibilité peu profonde que sollicitent et mettent en action, chez la plupart des hommes, l'échange des idées et la réciprocité des actes extérieurs. Il n'a pas fait de portrait d'homme qui reste, mais ses tableaux exacts, vivants d'une société, sont des modèles qui demeureront à jamais.

Nous en avons fini avec l'homme politique, l'orateur, l'écrivain. Il nous reste seulement à rappeler les deux qualités essentielles qui ne l'ont jamais abandonné dans ces divers personnages. La rudesse et la dureté, qui sont devenues communes depuis que la démocratie a prévalu, lui étaient inconnues, et l'ironie, que cette rudesse a provoquée par contraste et comme une marque de distinction, ne lui était pas moins étrangère. Bardoux, toujours plein de bonne grâce, de bonne humeur et de bon vouloir, n'entrait jamais dans la manière de sentir de ces hommes qui, par goût, disent tout d'un ton maussade et acerbe, dont la joie est de chercher et de trouver des mots aigus, parfois même offensants. Il n'a jamais aimé Montlosier, et il a fait en sorte qu'on ne s'en doutât point. Il n'a pas même cité l'étincelant et inoubliable portrait qu'en trace Chateaubriand. Quelle bonne fortune, pourtant, que de pouvoir offrir au lecteur un tel régal! Dans son La Fayette, ce qu'il apprécie le plus après la générosité du personnage, c'est sa parfaite mansuétude. La Fayette était un « doux ». C'est l'expression qu'emploie, à plusieurs reprises, sa femme dans ses derniers entretiens.

Bardoux était aussi incapable d'ironie que de brutalité. Au fond, cela est à sa louange : il règne encore aujourd'hui un préjugé favorable à l'ironie; on y veut voir le signe d'un esprit supérieur qui ne se livre point, qui n'a pas moins de colères inutiles que de puérils enthousiasmes, qui a pénétré ce qu'il y a de fâcheux et de vide dans les sentiments non retenus dont on n'est pas maître, et qui s'arrange pour ne rien admirer, n'en trop vouloir à personne, en méprisant un peu tout le monde, excepté soi. Rien n'était plus contraire à la nature de Bardoux que cette disposition à l'ironie. Son imagination, naturellement exaltée, avait toujours quelque Baruch à vous recommander. Il ignorait le dénigrement et la jalousie, et prenait feu rapidement, sans qu'une pensée personnelle, un retour sur soi diminuât son ardeur. Peut-être avait-il senti que l'ironie, qui a toujours une raison à faire valoir en faveur de ce qu'elle ne peut approuver, et qui n'approuve rien sans restriction, a pour conséquence d'amollir le caractère et de rendre impossible tout jugement moral. Il n'y a plus, à vrai dire, de bien ni de mal pour l'ironique. Un goût délicat et compliqué remplace chez lui la raison et la conscience. Raison, conscience ne s'accommodent pas de tant de complication; elles ont besoin de sentences plus simples, d'arrêts plus absolus, qui fournissent un fond plus solide et moins friable à la volonté. C'est pour cela qu'il faut faire honneur à Bardoux de n'avoir pas apprécié l'ironie chez ses devanciers ou chez ses contemporains, de ne l'avoir pas recherchée pour la mettre en lumière. Que dis-je? Il ne l'apercevait même pas, entraîné par une passion qui, de la hauteur où elle le transportait, ne lui laissait pas distinguer les mille petits traits subtils et compliqués qui venaient tomber à ses pieds.

Que si des hauteurs où s'est élevé Bardoux comme homme d'État, comme orateur et aussi comme écrivain, nous redescendons à l'homme lui-même, un charme succédera au prestige. Bardoux était d'un naturel simple, franc et cordial. Sa personne physique commençait la conquête. Il n'était pas de grande taille, mais la fermeté de son attitude et de son allure indiquait l'homme bien possédé de son idée. Sa voix claire et musicale avait des ressources d'une variété presque infinie : elle se promenait sur une échelle de sons très étendue ; elle était vibrante, mais jamais plus que quand un rire contenu servait d'accompagnement au son principal. Le rire lui était moins habituel que le sourire. Son front, que dégageaient ses cheveux jetés en arrière, ses yeux clairs, gais et lumineux, achevaient la physionomie de l'orateur tel que nous l'avons vu maintes fois à la tribune. Il avait, en vous rencontrant, un air joyeux et pénétré, et sa façon de vous prendre la main dans les deux siennes et de la serrer sur sa poitrine en inclinant la tête est un trait qu'aucun de ceux qui l'ont connu n'oubliera. Il avait plus de verve continue que de saillies; il était plus remarquable par une agréable finesse que par l'esprit de mot. A un dîner dont nous faisions partie lui et moi, je me rappelle qu'il se laissa aller à peindre la classe bourgeoise, et aussi les circonstances qui décidèrent de sa chute en 1848. Scherer, qui ne passait pas pour un juge indulgent, fut émerveillé de cette sortie d'éloquence. Bardoux travaillait alors à la *Bourgeoisie française*, et il en était à la lune de miel avec son sujet. — Il était doux et traitable. Sa courtoisie était parfaite; son affabilité était constante. On lui a reproché d'avoir fait beaucoup de promesses qu'il n'avait pas l'intention de tenir. La critique est aisée; elle est en outre parfaitement injuste. Comment sait-on que des promesses ont été faites, si ce n'est par les solliciteurs; et peut-on ignorer que quand le ministre leur a dit : « Je ferai mon possible, je profiterai de la première occasion, je connais la valeur de vos titres », ils s'en vont en répétant : « J'ai des titres qui ne sont pas discutables, le ministre l'a reconnu. Il m'a dit : La première vacance sera pour vous, vous pouvez considérer la chose comme faite. » L'on conçoit bien l'irritation de ce quémandeur si bien accueilli, lorsqu'il ne voit rien venir, ou que quelque autre est nommé à la place convoitée. Cette aménité dans les formes ne faisait que traduire le désir constant que Bardoux avait de rendre service. On pouvait toujours lui faire appel, avec la certitude de le trouver prêt à toute besogne. La principale était de faire des discours et, à cela, il ne se refusait jamais. Sans avoir l'incomparable variété de ton qui a distingué notre Jules Simon, il déployait en ces sortes d'occasions une richesse d'invention et des qualités d'à-propos qui étaient bienvenues de la jeunesse de nos écoles. Il a été surtout un incomparable ami pour les hommes d'un âge plus mûr, dans les crises douloureuses que la fortune ou leur propre faiblesse leur ont fait traverser. Nous savons par des confidences que nous ne trahirons pas autrement que par cet aveu, quel secours, quelle consolation, quelle force il apportait dans ces heures de défaillance, et nous mesurons aisément sa part dans l'acte courageux et viril qui leur a plus d'une fois succédé. Comme Pauline de Beaumont, il a été regretté du fond de l'âme, et c'est avec une émotion pieuse que nous joignons à ces regrets d'une qualité si rare, le témoignage de notre affection, de notre respect.

Essai d'une **Psychologie politique du Peuple anglais**, par M. Émile Boutmy, membre de l'Institut. 1 vol. in-18 jésus, broché. . . . 4 »

M. Boutmy précise d'abord les marques distinctives que la race anglaise doit au milieu physique où elle s'est formée, et il les retrouve dans les manifestations les plus variées du caractère britannique. — Puis, c'est le milieu humain qui exerce son influence par les races venues du dehors, et plus tard, par les phénomènes ethniques se produisant sur le sol lui-même. — Enfin, après avoir successivement considéré l'homme moral et social, l'homme politique et le citoyen, l'homme de parti et l'homme d'État, l'auteur termine par l'étude des rapports qui régissent les deux grands facteurs de la vie politique et sociale en Angleterre : d'un côté l'individu, de l'autre l'État.

Tels sont l'objet et le plan général de ce livre, conçu du point de vue élevé de l'historien et du philosophe.

Éléments d'une **Psychologie politique du Peuple américain** (*la Nation, la Patrie, l'État, la Religion*), par M. Émile Boutmy, membre de l'Institut. 1 vol. in-18 jésus, broché. . . . 4 »

Le beau livre de M. Boutmy sera lu avec le plus vif intérêt, au moment où le rôle des États-Unis dans le monde pose à tous les esprits réfléchis un problème nouveau; on y trouvera, en effet, un ensemble de recherches très étudiées et très précises sur un certain nombre de points les plus capables d'éclairer d'une vive lumière le caractère américain.

L'auteur examine d'abord de quels éléments, par quelles étapes, dans quelles conditions s'est formée la nation américaine. Puis, il étudie l'idée de patrie telle qu'elle se présente chez le peuple américain. Enfin, la notion concrète de la patrie se résolvant dans la notion abstraite de l'État, M. Boutmy nous donne une analyse très serrée du système constitutionnel, politique, administratif et financier des États-Unis.

L'Éducation des classes moyennes et dirigeantes en Angleterre, par M. Max Leclerc, avec un avant-propos par M. E. Boutmy, membre de l'Institut. 1 vol. in-18 jésus, br. 4 »

Ouvrage couronné par l'Académie française.

Comment se forment en Angleterre les classes qui constituent l'élite politique, intellectuelle, industrielle, commerciale de la nation, et qui ont fait la grandeur prodigieuse et presque indéfinie de ce petit pays? M. Max Leclerc a cherché ce que font pour les former la famille, l'État, l'école. Le résultat de cette enquête poursuivie avec une patience et une sagacité rares, est fait pour troubler les idées de la pédagogie continentale. Des écoles bizarres, aux programmes incomplets et incohérents, envoient dans le monde des jeunes gens capables de s'y débrouiller et d'y continuer leur instruction. Le préjugé de l'école encyclopédique qui fait des savants universels de dix-huit ans, incapables d'acquérir désormais une idée ou un fait, commence à pénétrer en Angleterre; l'instinct national sera plus fort.

(*Revue de Paris.*)

Les Professions et la Société en Angleterre, par M. Max Leclerc. 1 vol. in-18 jésus, broché . . . . 4 »

Ouvrage couronné par l'Académie française.

Après avoir étudié les méthodes et le système d'éducation, M. Max Leclerc étudie les résultats de ce système. Profession par profession, il indique les vertus et les qualités que communiquent aux Anglais ces méthodes. Puis, dans une seconde partie de son livre, il montre comment ces qualités et ces vertus ont agi sur l'état social de l'Angleterre et sur son expansion extérieure.

Le livre de M. Max Leclerc est une remarquable contribution à cette science nouvelle que les Allemands appellent la psychologie des peuples. Je crois qu'en France on n'a jamais rien écrit de plus pénétrant et de plus réfléchi sur les mœurs et le caractère des Anglais.

(*Journal des Débats.*)

Questions politiques : La France en 1789 — Décentralisateurs et Fédéralistes — Le Socialisme en 1899 — Que sera le xxe siècle? — par M. ÉMILE FAGUET, de l'Académie française. 1 vol. in-18 jésus, broché. 3 50

« Sous ce titre général, M. Faguet a réuni quatre études dans lesquelles il examine en philosophe et avec la finesse d'analyse, le bon sens critique et la force d'argumentation que l'on sait la marche des événements et l'évolution des doctrines. Mais le travail le plus important est celui où il expose l'état actuel des doctrines socialistes en leur ensemble, montre combien le socialisme actuel est différent de ce qu'il a été jadis, le définit d'abord tel qu'il est en soi, tel qu'il fut en ses commencements, puis marque l'évolution par laquelle il a passé peu à peu de ce qu'il fut à ce qu'il est devenu : un simple parti réformiste, un parti démocratique à tendances égalitaires. »

(*Revue des Deux Mondes.*)

Problèmes politiques du Temps présent : Sur notre régime parlementaire — Armée et démocratie — Le Socialisme dans la Révolution française — La Liberté de l'Enseignement — par M. ÉMILE FAGUET, de l'Académie française. 1 vol. in-18 jésus, broché. 3 50

« M. Émile Faguet apporte, en ce volume, cette même intelligence subtile et forte et ce même esprit de sincérité qu'il déploie en sa critique des hommes et des œuvres. Sans vouloir donner de conseils, il s'attache du moins à nous expliquer son avis sur toutes les grandes questions qui ont occupé et divisé les esprits jusqu'à la fin du xixe siècle. Et, comme il nous le dit lui-même avec une modestie charmante, il y a beaucoup de rêves, d'espérances, de souhaits dans ce livre. On y trouvera partout des idées précises et fortes qui s'imposent à la réflexion. »

(*Revue de Paris.*)

www.ingramcontent.com/pod-product-compliance
Lightning Source LLC
Chambersburg PA
CBHW070737270326
41927CB00010B/2023